CADERNOS
DE LITERATURA DE VIAGENS

CADERNOS
DE LITERATURA DE VIAGENS

2
Subsídos para o Estudo dos Índios das Américas

Direção e Coordenação
Fernando Cristóvão

Coleção *Cadernos*

TÍTULO
Cadernos de Literatura de Viagens
Número 2 – 2010
Subsídios para o Estudo dos Índios das Américas
CLEPUL 3
Centro de Literaturas e Culturas Lusófonas e Europeias

DIREÇÃO E COORDENAÇÃO
Fernando Cristóvão

COMISSÃO EXECUTIVA
Fernando Cristóvão
Maria Adelina Amorim
José Mendes
Fernanda Santos
Susana Brites Moita
Tânia Pêgo
Sofia Santos

TRADUÇÃO E SUPERVISÃO DE TRADUÇÕES
Arnaldo Espírito Santo
Fernando Cristóvão
Sofia Santos

ILUSTRAÇÕES
Isabel Yglesias
Vítor Serrão

ASSISTENTES DE INVESTIGAÇÃO
Tânia Pêgo
Sofia Santos

SECRETARIADO TÉCNICO
Tânia Pêgo
Sofia Santos
Manuel Gonçalves

DISTRIBUIÇÃO
EDIÇÕES ALMEDINA. SA
Av. Fernão Magalhães, n.º 584, 5.º Andar
3000-174 Coimbra
Tel.: 239 851 904
Fax: 239 851 901
www.almedina.net
editora@almedina.net
CLEPUL 3

PRÉ-IMPRESSÃO | IMPRESSÃO | ACABAMENTO
G.C. GRÁFICA DE COIMBRA, LDA.
Palheira – Assafarge
3001-453 Coimbra
producao@graficadecoimbra.pt

Novembro, 2010

DEPÓSITO LEGAL
318894/10

Os dados e as opiniões inseridos na presente publicação
são da exclusiva responsabilidade do(s) seu(s) autor(es).

Toda a reprodução desta obra, por fotocópia ou outro qualquer
processo, sem prévia autorização escrita do Editor, é ilícita
e passível de procedimento judicial contra o infractor.

ÍNDICE

Introdução
FERNANDO CRISTÓVÃO 9

I PARTE
O Índio das Américas como problema da Colonização Ibérica

Legitimação/ ilegitimidade teológica e jurídica das "conquistas" na América Espanhola: a questão dos Índios
FERNANDO CRISTÓVÃO 13

Questões jurídicas sobre os Índios do Brasil
JOSÉ MARIA MENDES e MARIA ADELINA AMORIM 25

A revelação do Brasil à Europa: uma festa brasileira em Rouen
TÂNIA PÊGO E SOFIA SANTOS 51

Muhuraida: entre a fé e a lei, pela pacificação dos Índios
TÂNIA PEGO 59

A Iconografia do Índio na Real Livraria de Mafra
ISABEL YGLESIAS 77

II PARTE
Leituras Recomendadas

a) Textos teológicos e pontifícios

"GUERRA JUSTA"
SÃO TOMÁS DE AQUINO
Summa Theologica 83

A LEGITIMAÇÃO PONTIFÍCIA DA "GUERRA JUSTA"
NICOLAU V
Bula *Dum Diversas* 93
Bula *Romanus Pontifex* 96

Cadernos de Literatura de Viagens

A PROIBIÇÃO PAPAL DA ESCRAVATURA INDÍGENA
Paulo III
Bula *Sublimis Deus* 103

APRESENTAÇÃO DO BREVE *COMMISSUM NOBIS*, PELO BISPO ALEXANDRE
CASTRACANI, A PROPÓSITO DA LIBERTAÇÃO DOS ÍNDIOS
Urbano VIII
Breve *Commissum Nobis* 107

INCOMPATIBILIDADE DA ESCRAVIZAÇÃO COM A CARIDADE
Bento XIV
Bula *Imensa Pastorum* 113

b) Textos Régios

A PRIMEIRA LEI PORTUGUESA CONTRA A ESCRAVATURA DOS ÍNDIOS
D. Sebastião
Ley sobre a liberdade dos Gentios das Terras do Brazil, e em q casos S podem,
ou naõ podem captivar 117

AS NOVAS BASES ADMINISTRATIVAS E CIVILIZACIONAIS DA BAÍA
Tomé de Sousa
Regimento de 17 de dezembro de 1548 121

LEIS DE D. FILIPE II SOBRE A CUSTÓDIA DOS ÍNDIOS
D. Filipe II
Lei de 30 de julho de 1609 127
Lei de 1611 130

A NOVA ADMINISTRAÇÃO INDÍGENA ENTREGUE À COMPANHIA DE JESUS
D. Pedro II
Regimento e Lei sobre as Missões do Estado do Maranhão e Pará e sobre
a Liberdade dos Índios 135

A CRIAÇÃO DAS NOVAS BASES DA CIVILIZAÇÃO AMERÍNDIA
Marquês de Pombal
Directório que se Deve Observar nas Povoações dos Índios do Pará e Maranhão
Em quanto Sua Magestade não Mandar o Contrario 141

DECLARAÇÃO QUE EXTINGUE A ESCRAVATURA NO BRASIL
Princesa Isabel do Brasil
Lei Áurea 151

c) Textos de religiosos e de outras personalidades

BONDADE DOS ÍNDIOS E CRUELDADES DOS CONQUISTADORES
Bartolomé de las Casas
Brevísima Relación de la Destruccion de las Índias 153

Índice

CARACTERIZAÇÃO DA SOCIEDADE INDÍGENA
PADRE MANUEL DA NÓBREGA
Carta ao Doutor Navarro 159

OS ARGUMENTOS PARA A ILEGITIMAÇÃO DA "GUERRA JUSTA"
FRANCISCO DE VITÓRIA
Relectio de Indis 163

AS OBJECÇÕES À "GUERRA JUSTA"
FERNÃO DE OLIVEIRA
A Arte da Guerra do Mar 171

UMA VISÃO DIFERENTE DOS ÍNDIOS E "SELVAGENS"
MICHEL DE MONTAIGNE
Des Cannibales 175

OS "LÍNGUAS" AO SERVIÇO DOS PREDADORES
FREI CRISTÓVÃO DE LISBOA
Sermão de Nossa Senhora da Apresentação 183

ARGUMENTOS EM FAVOR DA LIBERDADE DOS ÍNDIOS
PADRE ANTÓNIO VIEIRA
Sermão da Primeira Dominga da Quaresma 187

REPENSAR OS MÉTODOS DE CIVILIZAR OS ÍNDIOS
JOSÉ BONIFÁCIO DE ANDRADA E SILVA
Apontamentos para a Civilização dos Índios Bravos do Império do Brasil 193

O ÍNDIO EXIBIDO EM ROUEN COMO OBJECTO DE CURIOSIDADE
FERDINAND DENIS
Une Fête Brésilienne Célébrée a Rouen en 1550 203

d) Controvérsias

RAZÃO DAS APOLOGIAS DE BERNARDO DE VARGAS MACHUCA
1. Las Casas vs. Ginés de Sepúlveda 210
2. Las Casas vs. Vargas Machuca 214

NOTA: Quando, no interior dos textos da I Parte, estiverem assinalados dois asteriscos (**), isso significa que o assunto aí referido se encontra documentado nas "Leituras Recomendadas", na II Parte.

INTRODUÇÃO

Fernando Cristóvão[*]

É objetivo desta coleção CADERNOS o de facultar, sobretudo aos estudantes universitários e outros investigadores, elementos informativos e bibliográficos que os apoiem na pesquisa e elaboração de estudos situados em áreas históricas e culturais diversas.

Dedicamos este número ao estudo dos Índios das Américas, considerando, especialmente, a época colonial, tanto a portuguesa do Brasil como a espanhola do Centro e do Norte americano.

Entendemos estes elementos como "subsídios" para estudos mais desenvolvidos que podem ser apoiados por novos textos desta coleção.

Deste modo, os cadernos são iniciados por dois textos principais historiando os factos relativos ao que se passou na América espanhola e depois na América portuguesa. A eles se segue documentação vária compreendendo tanto os pressupostos teóricos civilizacionais como teológicos (bulas papais, etc.), e outros de caráter jurídico. Documentação essa que, num primeiro tempo, legitimou as "conquistas", mas que depois, em face dos preconceitos raciais e abusos da escravatura, trabalhos forçados, privação das liberdades, etc., anulou ou diminuiu a legitimidade das "conquistas", condenou os abusos, ao mesmo tempo que reconhecia os direitos dos índios.

Alterações determinadas pela necessidade de se pôr termo a situações de extrema violência de grandes proporções na América espanhola, por se terem os seus conquistadores confrontado com civilizações brilhantes e organizadas, em contraste com o ocorrido, poste-

---

[*] Professor Catedrático da Faculdade de Letras de Lisboa; Diretor Adjunto do CLEPUL, Coordenador da Edição.

10 Cadernos de Literatura de Viagens

riormente, na América portuguesa, de tribos nómadas e sem grande capacidade de resistência. E mais ainda por se terem transformado em atuações contrárias aos ideais e ética da Evangelização.

Assim, desde a primeira década dos anos de Quinhentos que a Corte de Espanha se viu obrigada, em face das insistentes queixas dos missionários, a convocar Juntas de diálogo para analisar a situação, envolvendo missionários, teólogos e juristas. Obrigada também a promover debates entre os seus melhores pensadores, o que teve como desfecho acabar com as conquistas armadas, por volta de 1556, e promover uma legislação favorável aos Índios.

Desta experiência aproveitou-se, mais tarde, a América portuguesa, pois as suas primeiras disposições legais de proteção dos Índios datam do reinado de D. Sebastião, em 1570.

Procura este caderno facultar elementos que são balizas dessa evolução no tratamento dos Índios, desde as iniciais concessões pontifícias nas Conquistas, domínio de pessoas e bens, até às decisões contrárias que passaram a reconhecer os direitos e as liberdades dos índios tanto na América espanhola como na portuguesa.

Deste modo, a uns textos iniciais historiando as "conquistas" e sua evolução, evocando alguns factos com significado relevante, (bem como textos literários que ilustram a recepção de factos históricos) sucedem-se "textos de apoio" que documentam ou limitam essa legitimidade: textos teológicos e jurídicos, bulas papais, pronunciamentos críticos, debates mais significativos dos principais protagonistas. E, na sua continuidade, a apresentação da mais importante documentação portuguesa sobre estas questões.

I PARTE

O ÍNDIO DAS AMÉRICAS COMO PROBLEMA DA COLONIZAÇÃO IBÉRICA

LEGITIMAÇÃO/ILEGITIMIDADE TEOLÓGICA E JURÍDICA DAS "CONQUISTAS" NA AMÉRICA ESPANHOLA. A QUESTÃO DOS ÍNDIOS

FERNANDO CRISTÓVÃO

A situação dos índios no Novo Mundo durante as colonizações espanhola e portuguesa não pode ser entendida corretamente sem se ter em conta o contexto teológico, filosófico, político e económico sob que decorreu.

Situações todas elas dependentes dos conceitos antropológicos da filosofia grega, da teologia escolástica, das orientações pontifícias de caráter teológico-jurídico, agravadas pelo regime de monarquia teocrática que regulava os direitos e deveres das "conquistas".

Teorias estas altamente prestigiadas tanto pela autoridade de Aristóteles no campo filosófico, como pela não menos respeitada Teologia de São Tomás de Aquino.

Para o filósofo grego, era verdade assente que, segundo a Natureza, uns homens eram dotados de inteligência e vontade, faltando estas a outros, os escravos. Escravidão que era não só vantajosa mas justa, principalmente por assegurar o bom funcionamento social, dado que uns nascem para mandar e outros para obedecer[1].

Inspirando-se em Santo Agostinho, São Tomás de Aquino afirma, segundo os seus ensinamentos na *Summa Theologica*[**] a propósito da "guerra justa", que:

> São necessárias três coisas para que uma guerra seja justa. Primeira, a autoridade do Príncipe, sob cujo mandato se fará a guerra. Não pertence a um indivíduo privado declarar guerra, porque poderá ter que se justificar

---

[1] Aristóteles, *Politique I, II*, trad. de Jean Aubonnet, Paris, Société d'Edition Les Belles Lettres, 1968, p.20.

14 Cadernos de Literatura de Viagens

perante o julgamento do seu superior. Da mesma maneira, tampouco cabe ao indivíduo convocar a multidão como se faz nas guerras, pois isso não é da sua competência privada. Uma vez que, estando a república confiada ao cuidado dos príncipes, cabe-lhes defender o interesse público da cidade, do reino e das províncias, tal como lhes cabe defendê-la licitamente com a espada física contra os perturbadores internos, castigando os malfeitores.

....

O direito divide-se em direito natural e direito positivo. Mas o direito das gentes não é o direito positivo, uma vez que todas as nações jamais se reunirão para unanimemente estabelecer um pacto comum. Logo o direito das gentes é um direito natural.[2]

Quanto às Bulas Pontifícias, no seguimento destas teorias, elas legitimaram as "conquistas" dos portugueses e espanhóis, anteriores mesmo ao Tratado de Tordesilhas-Setúbal, concedendo-lhes generosos privilégios, primeiramente a Portugal e só depois a Castela e Léon.

Aos monarcas portugueses e seus vassalos ("tibi et sucessoribus tuis Portugaliae perpetuo applicandi et appropriandi"), concedem Nicolau V, pela bula *Dum Diversas*** de 1452 e pela *Romanus Pontifex*** de 1455, e Sisto IV, pela *Aeterni Regis* de 1481, os direitos de posse e domínio sobre terras e gentes que descobrissem ou conquistassem nessa "Quarta parte" do Mundo.

É bem explícito o texto da *Dum Diversas,* endereçado a D. Afonso V, autorizando os portugueses a guerrear "Serracenos et Paganos aliosque infideles et Christi inimicos, quoscumque et ubicumque constitutos"[3], e também a reduzir à escravidão os infiéis, porque passaram a ter o direito de "invadendi, conquerendi, expugnandi et subjugandi illorumque personas, perpetuam servitutem redigendi".

Concessões estas repetidas na Bula *Romanus Pontifex*, os direitos de conquistar:

(...) quorumcunque regis seu principis aut regum vel principum regna, ducatus, comitatus, principatus, aliaque dominia, terras, loca, villas, castra, possessiones et bona huiusmodi fuerint, invadendi, conquerendi,

---

[2] S. Tomás de Aquino, *Summa Sacrae Theologiae Sancti Thomae Aquinatis*, II. II, 2.º vol., Antuerpiae, *apud* Viduam & Haeredes Joan Stelsii, 1567-1576.

[3] Nicolau V, Bula "Dum Diversas", *in* Levy Maria Jordão (curante), *Bullarium Patronatus Portugalliae Regum in Ecclesiis Africae, Asiae atque Oceaniae*, vol. I, Olisipone, Ex Typographia National, 1868, p. 22.

Legitimação/ilegitimidade teológica e jurídico das "conquistas"...   15

expugnandi et subjugandi illorumque personas perpetuam servitutem redigendi (…)[4].

E, completando estas concessões, a recompensa espiritual de grande valor para os que estiverem nas condições canónicas de uma indulgência plenária: "plenariam remissionem omnium et singulorum peccatorum, criminum, delictorum et excessum (…)"[5].

No mesmo sentido foram concedidas as outras bulas.

Direitos estes de invasão, conquista e sujeição perpétuas que, posteriormente, o direito de Padroado institucionalizava e regulamentava, um tanto inspirados já na simpatia com que o Papa Martinho V encorajara a conquista de Ceuta.

Só alguns anos depois, a partir de 1493, é que o Papa Alexandre VI faria a Castela e Léon as mesmas concessões, pelas bulas *Inter Caetera, Eximiae Devotiones, Dundum Siquidem*.

É, pois, sobre este fundo que a "questão do índio" tem de ser contextualizada, desde a fase em que tudo parecia lícito para a colonização até à demora no reconhecimento da dignidade humana do índio (racionalidade e direitos), que a mesma autoridade pontifícia e o poder político iriam consagrar mais tarde.

1. Reconhecimento esse dificultado pelas apreciações contraditórias sobre a natureza, costumes e direitos dos índios que opunham os próprios missionários uns aos outros.

No campo português, bastam alguns testemunhos dos primeiros tempos. Por exemplo, de Pero Vaz de Caminha que, na *Carta*, tanto os definia como "gente bestial e de pouco saber, e por isso são assim esquivos", como estava convencido, apesar de tudo, serem "gente de tal inocência que, se o homem os entendesse e eles a nós, seriam logo cristãos (…) porque esta gente é boa e de boa simplicidade"[6].

O Padre Manuel da Nóbrega, em carta de 1549 ao seu Mestre de Coimbra, o Dr. Navarro[**], tanto elogia a paz feita com o gentio da terra que de boa vontade colaborava na construção da aldeia: "os

---

[4] Nicolau V, Bula "Romanus Pontifex", *in* João Martins da Silva Marques, *Descobrimentos Portugueses*, vol. I, Lisboa, Instituto para a Alta Cultura, 1944, p. 505.

[5] *Ibidem.*

[6] Pero Vaz de Caminha, *in* Jaime Cortesão, *A Carta de Pero Vaz de Caminha*, Lisboa, INCM, 1994, pp. 166 e 170 (respectivamente).

mesmos índios da terra ajudam a fazer as casas e as outras cousas que se queira empregá-los", como os apelida de "gente tão inculta (...) [regendo-se] por inclinação e apetite sensual, a qual semper prona est ad malum gente absque consilio et sine prudentia"[7], verberando não só a sua idolatria como os hábitos antropofágicos.

Pela mesma opinião segue Anchieta que, no auto "Na Festa de S. Lourenço", os coloca entre Deus e o Demónio, a "beber até vomitar cauim (...) enraivar, andar matando / e comendo prisioneiros / e viver amancebado", mas capazes depois de se converterem em bons cristãos.

Entre os espanhóis, as contradições de opinião são ainda mais radicais.

Assim, em pólos radicalmente opostos, representando duas grandes correntes de opinião, o Bispo Las Casas elogia a inocência e a bondade indígenas, ao passo que o Tenente-General Vargas Machuca anota, sobretudo, a sua crueldade e maus instintos.

Para Las Casas, como ele o declara logo no inicio da *Brevíssima Relación de la Destruición de las Índias**, de 1492, a propósito dos indios:

> Todas estas universas e infinitas gentes a toto genero crió Dios las más simples, sin maldades ni dobleces, obedientísimas, fidelísimas a sus señores naturales y a los cristanos a quien sirven: más humildes, más pacientes, más pacíficas y quietas, sin rencillas ni bollicios, no rijosos no querelosos, sin rencores, sin odios, sin desear venganzas que hay en el mundo.[8]

Refutando Las Casas, Bernardo Vargas Machuca**, Tenente-General e Governador de vários territórios conquistados, afirma:

> Dice más [Las Casas] que la gente a quién Dios crió más simple del mundo, sin maldades, ni dobleces, obedientes, fidelísimos, pacíficos (...) estimo yo en tanto ni salvación como del Obispo la suya, y comenzando general en todas las Indias entre gente especulativa que quando o indio se

---

[7] Padre Manuel da Nóbrega, "Carta ao Doutor Martín de Azpilcueta Navarro" (1549), *in* Serafim Leite (introdução e notas históricas e críticas), *Cartas do Brasil e mais escritos do P. Manuel da Nóbrega: opera omnia*, Coimbra, Universidade de Coimbra, 1955, pp. 47 e 48 (respectivamente).

[8] Bartolomé de las Casas, *Brevíssima Relación de la Destruición de las Índias*, *in Tratados de Fray Bartolomé de Las Casas*, Fondo de Cultura Económica, México, 1965.

Legitimação/ilegitimidade teológica e jurídico das "conquistas"...   17

ve libre y sin temor, no tiene ninguna virtud y quando se halla opreso y temeroso, muestra de tenellas todas juntas.[9]

Para demonstrar as suas razões, escreve uma contundente apologia** em seis longos argumentos, e outros discursos, de contestação a Las Casas.

2. Contraditórias são também as posições teológicas e políticas que se foram avolumando com os insucessos e sucessos da colonização, particularmente negativos no início.

Por isso foram naturalmente polémicas as opiniões de um lado e de outro, até porque os excessos cometidos pelos colonizadores, não considerando os índios como seres humanos de pleno direito, e negando-lhes a posse e uso dos seus próprios territórios e bens, durou demasiado tempo sem grande contestação, praticamente até 1510, ano em que os religiosos, em seus sermões, denunciavam com veemência maior todas as práticas e abusos.

Data de 1511 o famoso sermão do Frei António de Montesinos, dado a conhecer por Las Casas, que inflamadamente acusou os colonos:

> Em pecado mortal todos vós viveis e morreis por causa da crueldade e tirania com que tratais estas gentes inocentes. Dizei-me: com que direito e em que justiça mantendes os índios em tão cruel e horrível servidão (...) detestáveis guerras a povos que estavam em suas terras mansas e pacíficas e tão numerosas, e os consumistes com mortes e destruições inauditas?[10]

Sermão este que não só abalou os ouvintes mas, sobretudo, motivou grandemente Las Casas na sua cruzada de defesa, inquietando a corte espanhola que, por mandado do rei, promulgou em 1512 as chamadas Leis de Burgos, em trinta e seis disposições legislativas que pretendiam conter os abusos dos "encomenderos", que encerravam os índios em aldeias ("encomiendas") e planificavam o seu trabalho servil considerando-os, a partir daí, súbditos do rei mas não seus escravos.

---

[9] Bernardo de Vargas Machuca, *Apologias y Discursos de las Conquistas Occidentales*, Junta de Castilla y Lion, 1993, p.59.

[10] Frei António de Montesinos, "Sermão do 4º domingo do Advento de 1511", *in* Bartolomé de Las Casas, *Historia de las Índias*, Obras Completas, Madrid, 1994.

Porém, estas leis não tiveram eficácia prática. Contudo, com a persistência de Las Casas, que em 1516 foi nomeado "defensor dos índios", a luta de dignificação continuou, apesar de prosseguirem as conquistas: em 1519 Cortez conquistou o Império Azteca, e em 1531 Pizarro assenhorou-se do Império Inca, fundando a cidade de Lima quatro anos depois.

3. Declaração pontifícia decisiva foi a da bula de Paulo III *Sublimis Deus***.

Entretanto, um acontecimento decisivo ocorreu em 1537, a publicação por Paulo III da Bula *Sublimis Deus*, pondo termo aos intermináveis equívocos e subterfúgios dos "encomenderos", e afirmando os direitos dos índios:

> (...) conhecendo que aqueles mesmos Índios, como verdadeiros homens, não sòmente são capazes da Fé de Cristo, senão que acodem a ela, correndo com grandíssima prontidão, segundo nos consta; e querendo prover nestas coisas de remédio conveniente, com autoridade Apostólica, pelo teor das presentes, determinamos e declaramos que os ditos Índios e todas as mais gentes, que daqui em diante vierem à notícia dos Cristãos, ainda que estejam fora da Fé de Cristo, não estão privados, nem devem sê-lo, de sua liberdade, nem do domínio de seus bens, e que não devem ser reduzidos a servidão: declarando que os ditos Índios e as demais gentes hão-de ser atraídas e convidadas à dita Fé de Cristo, com a pregação da palavra divina, e com o exemplo de boa vida.[11]

O mesmo Paulo III, pela Bula *Altitudo Divini Consilii*, igualmente datada de 1537, subtraía ao poder da Inquisição qualquer capacidade jurisdicional sobre os índios do Novo Mundo, por estarem sujeitos à jurisdição dos bispos.

Reforçando esta autêntica viragem no entendimento da dignidade dos índios e da expansão territorial em nome da Evangelização, surge uma personalidade que se impõe de modo especial pelos seus cursos na Universidade de Salamanca e que passa a ser consultado na questão dos índios pelo próprio Imperador: o dominicano Francisco

---

[11] Papa Paulo III, Bula "Sublimis Deus", *in* Padre Manuel da Nóbrega, *Diálogo sobre a Conversão do Gentio*, com preliminares e anotações históricas e críticas de Serafim Leite, Lisboa, Comissão do IV Centenário da Fundação da Cidade de São Paulo, 1954, p. 106.

de Vitória que, especialmente na publicação das obras *De Indis*, *Relectio de Indis**, de 1537, e *De Jure Belli*, de 1538, discute com grande autoridade o que podem ser considerados títulos ilegítimos ou legítimos na posse das conquistas, e o procedimento para com os índios, tal como a justificação das condições para uma "guerra justa".

Assim, foi a partir de Francisco de Vitória, e de continuadores como Melchior Cano, Domingo de Soto, Bartolomé Carranza, e da Universidade de Salamanca que o grande debate se deu em Espanha e se alargou a outros países, abrangendo tanto as questões teológicas, como as do direito natural e internacional. Grandes foram também os contributos de Francisco Soares nos *Tratactus de Legibus et Deo Legislatore*, de 1612; em Itália, de Albericus Gentili no *De Jure Belli*, de 1598; na Holanda de Hugo Grotius no *De Jure Belli ac Pacis*, de 1625; de Baltasar de Ayala no *De Jure et Officiis Beliciis*, de 1582.

Convém lembrar que Francisco de Vitória juntava à sua defesa dos índios a contestação dos poderes papais na ordem temporal e também a negação de legitimidade, por parte do Imperador, em invadir os territórios dos índios. Para sustentar a sua argumentação, o dominicano utiliza nas lições e nas *relectiones* o método escolástico da *disputatio*: enunciando primeiro a proposição contrária e depois refutando-a. Assim, por exemplo, na *Relectio* interrogava:

> Pode o Imperador ser dono do mundo? – Não, não é senhor do Orbe"; "Podem os espanhóis alegar a autoridade do Papa?" – " O Papa não é senhor civil ou temporal de todo o Orbe, se se entender por isso o domínio e poder civil. E ainda que tivesse o poder não podia transmiti-lo aos príncipes seculares, pois o Papa só tem poder temporal em relação às coisas espirituais, não detendo nenhum poder temporal sobre os índios nem sobre os outros infiéis (...). Mesmo que os bárbaros não queiram reconhecer qualquer domínio do Papa, não é legítimo fazer-lhes guerra e apoderar-se dos seus bens (...). Os espanhóis têm direito de ocupação do território, desde que não causem danos, pois estes não os podem proibir (...); quer os índios recebam ou não a pregação cristã não é lícito declarar-lhes guerra e apoderar-se dos seus bens.[12]

---

[12] Francisco de Vitória, *Relectio de Indis: O Libertad de Los Indios*, Madrid, Consejo Superior de Investigaciones Científicas, 1967, pp. 32-34.

E foi no seguimento destas ideias e factos que se promulgaram, em 1542, as "Leis Nuevas", corrigindo o regime das "encomiendas" e concedendo alguns direitos aos índios. Nelas se estabeleceu que não mais se podiam eles reduzir à escravidão, qualquer que fosse a razão invocada (revolta ou guerra).

Também estas Leis foram muito contestadas, pois, segundo os seus opositores, equivaliam à ruína económica dos territórios.

Deste modo, em 1549, perante hesitações e acusações, o próprio Conselho das Índias reconheceu a existência dos inúmeros excessos e, porque a questão não era meramente militar ou económica, propõe uma nova Junta a realizar em Valladolid, compreendendo juristas e teólogos para ajuizarem o fundamento das leis e práticas em vigor, e as reformas a empreender.

Era preciso ir até às origens da questão: qual a legitimidade das conquistas que, a verificarem-se, deviam obedecer, de uma vez por todas, ao direito fundamental de os índios serem considerados pessoas dotadas da luz da razão e senhores dos seus próprios bens. Doutrina esta ainda contestada por muitos mas também defendida por outros como, por exemplo, pelo Bispo Frei Juan de Zumarraga que, em 1536, reuniu a teoria à prática, tendo mandado construir uma escola para índios e ordenado a impressão de livros para seu uso.

4. O confronto decisivo de ideias ocorreu assim na Junta de Valladolid, que se tornou o verdadeiro palco dos debates teológicos e jurídicos relativamente às conquistas, confirmando uma nova realidade no relacionamento e direitos dos colonos e índios.

Em Valladolid se confrontaram Las Casas e Ginés de Sepúlveda, defendendo este as ideias expostas no seu *De Justis Belli Causis apud Índios*, que Las Casas refutou em trinta *Proposiciones muy Jurídicas*.

Eram os argumentos de Sepúlveda os tradicionais sobre a impiedade dos índios: antropofagia, idolatria, promiscuidade, sacrifícios humanos, crimes que fundamentavam, como réplica, a guerra justa. Assim se exprimiu ele, justificando-a:

> Con perfecto derecho los españoles imperan sobre estes bárbaros del Nuevo Mundo e islas adyacentes, los quales en prudencia, ingenio, virtud y humanidad son tan inferiores a los españoles como niños a los adultos, y las mujeres a los varones, habiendo entre elles tanta diferencia como la que

Legitimação/ilegitimidade teológica e jurídico das "conquistas"...

va de gentes fieras y crueles a gentes clementísimas (...) por muchas causas, pues q muy graves, están obrigados estes barbaros a recibir el imperio de los españoles.[13]

Ponto de vista muito diferente era o de Las Casas que, nos vários capítulos da *Brevíssima Relación*, descreve as inúmeras crueldades dos espanhóis, motivadas não pela fé cristã mas pela ambição:

La causa porque han muerto e destruido tantas e tales y tan infinito número de ánimas de Cristianos, ha sido solamente por tener por su fin ultimo el oro y henrichirse de riquezas en muy breves dias, y subir a estados muy altos sin proporción de sus personas, conviene a saber, por la insaciable cudicia y ambición.[14]

As mesmas razões de Sepúlveda serão invocadas mais tarde pelo Tenente-General Machuca justificando as ações punitivas e refutando também, com Las Casas:

han hecho crueldades inhumanas poniendo fuego a los pueblos de españoles, quemando primero las iglesias y dentro el santo sacramento, martirizando los religiosos con varios diferentes géneros de tormentos e muerte, comiéndolos asados e cosidos, trayendo muchos hombres y mujeres habiéndoles sacado los ojos.[15]

Ao mesmo tempo, Machuca declarava-se fiel súbdito do Rei e soldado cristão ao serviço da Cristandade.

Tanta violência e ódios não cessariam facilmente, até porque a sociedade estava dividida pelos dois campos opostos.

Outras personalidades de relevo estavam também a favor da bondade das conquistas, como, por exemplo, Frei Alonso de Santiago, escrevendo em 1562; os dominicanos do convento de S. Pedro e de S. Paulo, do importante centro de Oaxaca, no México; os que acusavam o jesuíta Luís Lopes, em 1580, de ser contra as conquistas; o Tenente-General Vargas Machuca e outros chefes militares.

---

[13] Juan Ginés de Sepúlveda, "La controvérsia que tuvieron el año de 1552 el Obispo de Chiapas y el Doctor Sepúlveda, en que el Obispo réprobo el derecho de las conquistas occidentales y el Doctor lo defendió com elegância", *in* Bernardo de Vargas Machuca, *Apologias y Discursos de las Conquistas Occidentales*, Junta de Castilla e León, 1993, pp. 45-56.

[14] Bartolomé de las Casas, *Ibidem*, p. 64.

[15] Bernardo Vargas Machuca, *Ibidem*, p. 64.

Tal oposição não obstava a que, como afirma o historiador Juan de la Peña:

> Não conhecemos ninguém que por estas alturas do século XVI considerasse preferível, em teoria, o sistema de evangelização totalmente pacífica ao da evangelização precedida ou acompanhada de armas (...) mas não era opinião unânime.[16]

Porém, resultou positiva a contestação feita, pois em 1573 acabaram definitivamente as conquistas feitas pelas armas, passando a existir uma verdadeira carta de direitos dos índios.

As opiniões ainda demoraram a acalmar, sobretudo no que diz respeito às relações da Igreja local com a Coroa espanhola, como o demonstrou o difícil III Concílio de Lima, de 1582, que, após várias tentativas, acabou por se realizar, garantindo até uma melhor proteção ao índio.

Entretanto, ainda era preciso apurar a reflexão e esperar mais tempo no espaço luso-espanhol para a criação de uma nova mentalidade. Perspectiva essa que, por exemplo, em França, já fazia o seu caminho, nomeadamente nos *Essais*** de Montaigne, de 1580, na sua reflexão sobre os canibais do Brasil. Outros debates se irão fazendo ao longo do tempo sobre os conceitos de "civilização", "selvagem" e "bárbaro", consolidando o entendimento positivo sobre os índios, como também fará, mais tarde, Rosseau no seu conceito sobre o bom selvagem.

5. Quanto à América portuguesa, que beneficiou naturalmente da experiência teórica e prática ocorrida na América espanhola, e no seguimento do estabelecimento no Brasil do seu Primeiro Governador, Tomé de Sousa**, foi com a primeira legislação régia de D. Sebastião**, de 20 de março de 1570, que ganhou expressão a proteção dos índios.

Foram os missionários franciscanos, jesuítas e de outras ordens que, a partir de meados do século XVI, defenderam primeiro os escravos negros (António Vieira**, por exemplo) e, posteriormente, os índios. Foram de grande importância, a partir do final do século

---

[16] Juan de la Peña, *Bello, Intervención de España en América*, Madrid, Consejo de Investigaciones Científicas, 1982, p.19.

XVI, as tomadas de posição nos sermões de Frei Cristóvão de Lisboa[**], de Vieira, quando missionou no Maranhão, na continuidade de outros como o Padre Fernão de Oliveira, na obra *A Arte da Guerra do Mar*[**], de 1555. Mais tarde, e em diferente enquadramento histórico e étnico dos índios do Brasil, e atendendo sobretudo aos problemas da escravatura dos negros, surgiram as obras de Frei Serafim de Freitas e D. António Viçoso, prolongando a condenação de todas as espécies de escravatura.

Também no Brasil a situação demorou algum tempo a sanar-se, pois a bula *Commissum Nobis*[**] de Urbano VIII, de 1639, decretando pena de excomunhão para os que escravizassem os índios, ainda conheceu no Maranhão revoltas e tumultos.

Contudo, se relevantes situações de injustiça foram ultrapassadas, já assim não aconteceu com outro flagelo social, o da escravatura, que levou muito mais tempo a ser erradicada.

E também nessa luta do Abolicionismo, a Igreja, que no século XV tinha permitido a escravatura, continua depois a combatê-la sistematicamente, e não só a favor dos índios, mas também dos africanos e outros. Assim, no que diz respeito às colónias espanholas, nas últimas delas, em Puerto Rico e Cuba, a escravatura terminou em 1873 e em 1886, respetivamente.

No Brasil, ainda no século XIX, o Papa Leão XIII na Bula *In Plurimis*, de 5 de maio de 1888, sentiu necessidade de exortar os Bispos do Brasil a apoiarem as medidas oficiais para a libertação dos escravos, tendo posteriormente felicitado a Princesa Isabel pela *Lei Áurea*[**]:

> Veneráveis Irmãos:
> Para vós se dirige o nosso pensamento e letras a fim de vos manifestar e repartir convosco a grande alegria experimentada pelas decisões referentes à escravatura que nesse Império se adotaram. Pois estabeleceram por lei que todos os que se encontram ainda na condição de escravos sejam admitidos na classe e nos direitos de homens livres.
> Não só é uma medida justa, boa e salutar, mas consideramos também que nela se fundam esperanças de progresso tanto para os interesses civis como para os religiosos.

QUESTÕES JURÍDICAS
SOBRE OS ÍNDIOS DO BRASIL

MARIA ADELINA AMORIM[*]
JOSÉ MARIA MENDES[*]

Em 1500, no contexto do processo da Expansão, uma armada portuguesa chefiada por Pedro Álvares Cabral chegou a um território cuja existência era, teoricamente, desconhecida. Chamaram-lhe "Terra de Vera Cruz" e tomaram contacto, pela primeira vez, com gente com uma forma estranha de viver para os padrões europeus da época. Eram os Tupiniquins, um grupo etno-linguístico que, conjuntamente com os Potiguares, Caetés, Tupinambás e Tamoios, faziam parte do ramo Tupi, um dos componentes da grande família Tupi-Guarani cujas raízes, de acordo com o que é o entendimento consensual, ocupava, então, a chamada costa brasílica.

1. Os índios que os portugueses encontraram

No momento do seu primeiro contacto com os portugueses, esse povo situava-se num patamar de desenvolvimento tecnológico em que desconheciam o bronze e o uso do ferro, conforme testemunhou Caminha na sua célebre Carta a D. Manuel:

> Muitos deles vinham ali estar com os carpinteiros. E creio que o faziam mais por verem a ferramenta de ferro com que a faziam, que por verem a cruz, porque eles não têm cousa que de ferro seja, e cortam sua madeira e paus com pedras feitas como

---

[*] Maria Adelina Amorim, Bolseira de Doutoramento da FCT/ MCTES.
[*] José Maria Mendes, Mestrando de História dos Descobrimentos e da Expansão na FLUL – Faculdade de Letras da Universidade de Lisboa.

26 Cadernos de Literatura de Viagens

cunhas, metidas em um pau entre duas talas mui bem atadas e por tal maneira que andam fortes[1].

Por essa altura, na Europa assistia-se ao desenvolvimento da sociedade e da economia da designada "Idade Moderna". A ascensão da burguesia, ligada à banca e ao grande comércio, com claras aspirações a uma maior intervenção nos poderes instituídos, provocara alterações profundas. Era o tempo do Renascentismo que punha em causa as conceções filosóficas e religiosas vigentes no período medieval, revolucionando todas as áreas do conhecimento, e trazendo um novo paradigma, uma nova visão da vida e da realidade do Homem.

É neste contexto que ocorre o fenómeno da Expansão ultramarina que tem dois objetivos essenciais: a procura de produtos rentáveis no grande comércio mundial que se abria e a propagação do Cristianismo. Nesse sentido, verifica-se o encontro entre estas duas civilizações aparentemente opostas: europeus e ameríndios.

No momento da chegada de Álvares Cabral à terra brasílica, a população situar-se-ia num número muito próximo dos 1.500.000/ 2.000.000, se bem que estudos mais atuais apontem para 2.000.000 a 4.000.000 de naturais, estatísticas que carecem de maior rigor de análise. Os grupos de ameríndios, que se foram fixando naquela vasta região que hoje constitui o Brasil, distinguem-se por critérios de diferenciação linguística e civilizacional: os grandes troncos (Macro-Tupi e Macrojê), as grandes famílias (Caribe, Aruaque e Arauá) e diversos grupos menores situados a norte e a sul do Amazonas[2].

Os portugueses encontraram estes grupos de ameríndios num processo de consolidação da conquista do litoral à custa da expulsão de povos indígenas, motivada pela procura de nichos ecológicos mais favoráveis.

Que espécie de organização estruturava estas sociedades? De uma maneira geral, pesem embora as diferenciações entre os vários grupos, o que nunca é de mais referir, apresentavam-se como comunidades de recoletores e horticultores, formando diversas tribos com

---

[1] Pero Vaz de Caminha, *in* Jaime Cortesão, *A Carta de Pero Vaz de Caminha*, Lisboa, INCM, 1994, p. 191.

[2] Jorge Couto, *A Construção do Brasil: ameríndios, portugueses e africanos, do início do povoamento a finais de Quinhentos*, 3.ª ed., Lisboa, Edições Cosmos, 1997, pp. 51-56.

características físicas distintas, línguas e comportamentos próprios, pondo em prática uma agricultura semi-itinerante, complementada pelos recursos da pesca e da caça; uma agricultura (de coivara) baseada, essencialmente, no cultivo de raízes, designadamente de mandioca amarga. A terra exigia uma preparação árdua, tendo em conta a fragilidade dos utensílios usados com recurso à cinza proveniente da queima de ramos secos como um fertilizante de grande eficácia. A utilização do espaço cultivado prolongava-se por um período entre três a quatro anos, findo o qual era substituído, o que justifica também o facto de os ameríndios adotarem, por natureza, um sistema de vida seminómada.

Os Tupis davam preferência à cultura da mandioca amarga, embora plantassem também a mandioca doce e o aipim. Ao contrário, os Guaranis cultivavam o milho, o amendoim e o feijão. A partir do algodão confecionavam as redes em que dormiam e realizavam outras agendas do seu quotidiano. Esta arte das redes veio a ser profusamente difundida, constituindo um dos principais elementos identitários da sua cultura material e, atualmente, de todo o espaço brasileiro. A partir de outras matérias-primas de que dispunham, fabricavam utensílios como espremedores, peneiras, cordões, esteiras, abanadores, gaiolas e armadilhas, e outros artefactos que usavam para prover as suas necessidades de subsistência. A pesca, quer no litoral, quer nos rios e lagoas, muito ricos em pescado, moluscos e crustáceos, em conjunto com a caça, constituíam a base de sustento destas sociedades, a par da agricultura de coivara. A recoleção representava uma outra importante fonte de suprimentos, que lhes fornecia uma interminável variedade de produtos vegetais e animais, frutos, raízes, sementes e matérias-primas.

Os Tupis navegavam, com muita frequência, pelos rios e ao longo da costa atlântica, em enormes canoas com mais de trinta metros de comprimento, de fabrico rudimentar, uma vez que eram escavadas em troncos de árvores, com capacidade para transportar até sessenta indivíduos. No fabrico dos arcos serviam-se da madeira de jacarandá, do angico e ipé e do pau-d'arco; as cordas de fibras vegetais eram feitas com folhas de tucum; e para as flechas recorriam a uma planta conhecida por ubá. Para as pontas das flechas utilizavam a taquara (parecido com o bambu), o osso ou dentes aguçados.

A bebida, a que davam o nome de cauim, obtinham-na através da fermentação de uma extensa variedade de produtos, fundamentalmente da mandioca doce (aipim), a preferida dos Tupis, mas também do milho, mais utilizado pelos Guaranis, a batata-doce, o amendoim, o mel, a seiva de palmeiras, o ananás ou o caju. A sua estrutura habitacional obedecia a uma organização bastante cuidada. Assentava nas tabas (aldeias) de razoável dimensão e com uma localização estratégica, dependente de fatores essenciais, de preferência como a proximidade de rios navegáveis, a abundância de terrenos férteis e a existência de floresta. Este último fator era de extrema importância, uma vez que as árvores lhes davam proteção em situações de ataques de surpresa. Cada taba era normalmente formada por quatro a oito habitações comunitárias (ocas) que conseguiam acolher, cada uma, entre trinta a sessenta famílias, o que perfazia uma população de 400 a 3.000 habitantes.

O estado de guerra fazia parte do quotidiano, tendo em conta que qualquer grupo com quem não existissem alianças se tornava num potencial inimigo. A sua destruição constituía um fator de fortalecimento e de reforço intergrupal, a que se associava outra razão de peso: a conquista dos locais mais favoráveis. Esta prática deve integrar-se num sistema antropológico mais vasto e complexo das culturas ameríndias, designado modernamente como "complexo de guerra-vingança-antropofagia", de grande densidade cultural e espiritual[3], cuja explanação não cabe neste estudo.

Esta era a população com que os portugueses se depararam no momento do primeiro encontro, um povo livre, em estreita ligação com a natureza, de que Caminha, na sua primeira referência, diz:

> A feição deles é serem pardos, à maneira de avermelhados, de bons rostos e bons narizes bem feitos; andam nus, sem nenhuma cobertura, nem estimam nenhuma coisa cobrir nem mostrar suas vergonhas, e estão acerca disso em tanta inocência como estão em mostrar o rosto[4].

Na expressão do Padre Manuel da Nóbrega "são gente que nenhum conhecimento tem de Deus, nem ídolos, fazem tudo quanto

---

[3] *Idem, ibid.*, pp. 107-109.
[4] Pero Vaz de Caminha, *op. cit.*, p. 158.

Questões jurídicas sobre os Índios do Brasil   29

lhe dizem"[5]. Tal entendimento tem alguma analogia com o de Colombo, que fizera uma descrição semelhante no seu contacto com os índios de Hispaníola:

> São as melhores gentes do mundo, e as mais pacíficas... Não creio que haja no mundo homens melhores, assim como não há terras melhores... Os seus corpos são limpos, tão gordos e formosos que não pode ser mais[6].

Estes índios apresentavam-se, assim, num estado civilizacional onde imperava a simplicidade de vida em estreito contacto com a natureza. Na análise ao relacionamento das partes em presença, haverá que se ter em conta as características peculiares de cada uma: de um lado, um povo organizado e poderoso, do outro, comunidades frágeis e indefesas, o que, naturalmente, propiciava o abuso do poder pelo mais forte, que acabará por se manifestar sob as mais diversas formas.

De início, as relações confinaram-se somente a uma permuta de serviços por mercadorias sem qualquer valor, como espelhos ou colares de contas, e, posteriormente, ferramentas. O trabalho dos índios consistia, essencialmente, no corte e transporte do pau-brasil, primeira atividade de alguma importância, explorada essencialmente por comerciantes particulares[7].

Há que ter em conta o número reduzido de brancos existentes na colónia, incapazes de assegurar as tarefas que essa atividade implicava, para as quais o trabalho dos ameríndios se tornava fundamental. Porém, o relacionamento dos dois grupos civilizacionais, existente enquanto durou a fase do estanco, rapidamente passou para um patamar diferente. Com o início da administração colonial efetiva

---

[5] Padre Manuel da Nóbrega, "Carta ao Padre Simão Rodrigues, da Baía, 10 de abril de 1549", in Serafim Leite (introdução e notas históricas e críticas), *Cartas do Brasil e mais escritos do Padre Manuel da Nóbrega: opera omnia*, Coimbra, Universidade de Coimbra, 1955, p. 21.

[6] Cristóvão Colombo, "Carta de 16 de dezembro de 1492", *apud* António Luís Ferronha (coord.), *O Confronto do Olhar*, Lisboa, Caminho, 1991, p. 237.

[7] No entanto, mesmo durante este período, há notícia de que, em 1511, a nau Bretoa, que saíra de Lisboa a 22 de fevereiro, aí regressa, alguns meses depois, com um carregamento de pau-brasil e trinta índios feitos cativos para comercializar na Europa. Veja-se Artur Teodoro de Matos, "Os Livros das Naus S. Roque e Nossa Senhora da Conceição (1602-1603)", *in Na Rota da Índia. Estudos de História da Expansão Portuguesa*, [s.l.], Instituto Cultural de Macau, 1994, pp. 239-256.

e o desenrolar das agendas económicas e sociais com ela relacionadas, caiu-se num progressivo aprisionamento dos índios, que resvalou para o seu cativeiro e escravização. Recorrendo ao resgate ou às "entradas", os colonos fizeram do índio, à partida, um ser naturalmente livre e desprovido de "infidelidade" (já que não praticava qualquer tipo de religião contrária ao cristianismo), um potencial cativo. Tal expediente, que a princípio utilizavam com parcimónia, transformou-se numa prática generalizada, com a alegação da cada vez maior necessidade de mão-de-obra, que justificava todos os abusos, incluindo a força.

Perante a situação, cada vez mais comum, surgiu, naturalmente, a reação dos ameríndios, traduzida em ataques aos brancos dentro dos seus redutos, ou as investidas contra embarcações, a que se sucediam os assaltos a colonos perdidos ou naufragados, que acabavam muitas vezes por ser devorados em práticas de canibalismo. O conceito de escravatura, tal qual hoje se define, estava ausente da cultura ameríndia. Na verdade, nem Caminha, nem nenhum dos viajantes que escreveram sobre as suas experiências no Brasil quinhentista, incluindo Staden, Thevet e Jean de Léry, fazem alusão a qualquer circunstância em que esse conceito se possa configurar. Ela terá sido, portanto, introduzida pelos europeus, de uma forma acentuada, com o início da plantação da cana-de-açúcar e a instalação dos engenhos.

A partir do momento em que iniciaram o cultivo de terras ou roças, e com a sistematização da cultura açucareira, viram-se confrontados com a falta de mão-de-obra, o que conduziu ao inevitável cativeiro dos índios. A solução foi forçá-los ao trabalho, tornando-os escravos, começando por comprar os capturados nas guerras entre tribos ("resgates") e, mais tarde, obtendo-os através de incursões pelas aldeias do interior ("entradas").

2. Os colonos e o trabalho forçado ou escravo

As constantes investidas às pequenas aldeias indígenas obrigaram os naturais a refugiarem-se cada vez mais no interior e a resistirem pela força, o que dificultava as capturas, exigindo permanências mais prolongadas nos sertões e expedições mais numerosas e complexas. Somente em casos de fome generalizada é que os indígenas

Questões jurídicas sobre os Índios do Brasil

se acolhiam ao litoral, situação que terá ocorrido, por exemplo, em Pernambuco, em 1583, quando uma grave seca fez descer do sertão alguns milhares de ameríndios acossados pela fome. Os que puderam regressaram; os que ficaram, por sua iniciativa ou forçados, foram feitos escravos.

O ameríndio passou muitas vezes a representar para o colono português que chegava ao Brasil um aventureiro ou marginal sem qualquer preparação, um recurso precioso, indispensável à sua radicação. O testemunho de Gândavo é bem esclarecedor a esse respeito: "E a primeira cousa que pretendem acquirir, são escravos para nellas [terras] lhes fazerem suas fazendas"[8]. Mais taxativa é a afirmação do padre Nóbrega quando diz que "os homens que aqui vem, não acham outro modo de viver sinao do trabalho dos escravos (...) que nem curão de estar escomungados possuindo os ditos escravos"[9]. Porém, as características muito peculiares dos ameríndios, seres livres e praticamente nómadas, não favoreciam a sua adaptação aos trabalhos que os brancos lhes destinavam.

Muito menos se encontravam preparados para suportar os maus tratos infligidos pelos colonizadores, optando, por vezes, pelo suicídio como forma de resistência, praticado individual ou coletivamente em situações de maior desespero, para não se falar da grande mortandade provocada pelas doenças introduzidas pelos europeus, como a varíola, a gripe, o sarampo e a sífilis, a que os ameríndios não tinham nenhuma imunidade. O cultivo da cana-de-açúcar em termos sistemáticos torna--se cada vez mais dependente de mão-de-obra, o que leva à introdução massiva de escravos oriundos da Guiné, do Congo e de Angola. Mas nem por isso cessa a escravidão dos naturais do Brasil, que continuam nas plantações, ao lado dos negros, e nas ações defensivas do território. Como afirmava o Padre António Vieira, "este Estado, tendo tantas léguas de costa e de ilhas e de rios abertos, não se há-de defender, nem pode, com fortalezas, nem exércitos, senão com assaltos, com canoas, e principalmente com índios e muitos índios (...)"[10].

---

[8] Pero de Magalhães Gândavo, *História da Província de Santa Cruz,* Belo Horizonte, Ed. Itatiaia, 1980, p. 13.

[9] Padre Manuel da Nóbrega, "Carta ao P. Simão Rodrigues" (6 de janeiro de 1990), in *Cartas, op. cit.,* p. 80.

[10] Padre António Viera, "Carta ao Rei D. João IV (4 de abril de 1654)", in *Cartas do Padre António Vieira*, coordenação e anotação de J. Lúcio Azevedo, Lisboa, INCM, 1970-1971, p. 403.

32 Cadernos de Literatura de Viagens

3. Povoamento e colonização

Com a subida de D. João III ao trono aumenta o interesse pela colonização do Brasil. Cerca de 1530, Martim Afonso de Sousa[11], ao comando de uma numerosa frota, segue para esse território provido de poderes excecionais. Funda São Vicente, a primeira colónia portuguesa no Brasil, de que se tornou capitão-donatário, seguida de uma outra junto de Piratininga, atual São Paulo. É aqui que verdadeiramente se inicia a colonização do novo espaço político-administrativo, dividido em capitanias[12], entregues a pessoas notáveis pelos seus serviços, fidalguia ou riqueza, os chamados donatários. Os poderes que lhe foram atribuídos iam desde a alçada de justiça sobre os colonos, escravos e índios, nomeação de funcionários e autoridades locais, distribuição de terras de acordo com as determinações régias, até à captura dos gentios para o seu serviço e dos navios, e seu envio para venda em Lisboa, isentos de sisa até um determinado número.

Ainda dentro desse contexto, e com a pretensão de consolidar o domínio português no litoral, o mesmo monarca, no final de 1548, nomeia Tomé de Sousa como primeiro governador-geral do Brasil, a quem, por *Regimento* de 17 de dezembro[**], deu a incumbência de fundar, povoar e fortificar a cidade de Salvador, na capitania real da Baía. No governo da colónia, Tomé de Sousa seria coadjuvado por um ouvidor-geral, um provedor-mor e ainda outros provedores parciais, que seriam dotados de regimentos específicos. Acompanhava-o numerosa comitiva de cerca de 1500 pessoas constituída, na maioria, por funcionários superiores e subalternos, padres, soldados e degre-

---

[11] Companheiro de infância de D. João em Vila Viçosa, onde nasceu em 1500, frequentará assiduamente a Corte. Não surpreende, por isso, que em 1530, o infante, já no exercício das funções régias, lhe entregue o comando da poderosa armada que partiu para o Brasil a 3 de janeiro desse ano. Aí desenvolveu um trabalho meritório, conseguindo pôr fim à intromissão dos franceses no negócio do pau-brasil. Fez a exploração do litoral e do rio da Prata; fundou em 1532 a colónia de S. Vicente, de que foi primeiro capitão donatário, e a colónia de Piratininga, no interior do sertão. Em 1534, D. João III envia-o para a Índia, com o cargo de capitão-mor, aí permanecendo até 1539. Dois anos depois, regressou na qualidade de governador, cumprindo os três anos de duração do mandato, findo o qual deu o lugar a D. João de Castro.

[12] Cf. Américo Jacobina Lacombe, *Capitanias hereditárias*, Coimbra, Universidade de Coimbra, 1978.

5. Uma questão de fundo: a liberdade dos índios

A constante intervenção dos jesuítas nas questões dos índios fazia incidir sobre si a aversão dos colonos. Feliciano Coelho de Carvalho, quarto governador da capitania da Paraíba, expulsa-os em 1593, numa altura em que as outras ordens já estavam estabelecidas, nomeadamente os franciscanos, que os substituíram. Todavia, três anos depois, a Provisão de 26 de julho de 1596 repôs a situação e os jesuítas reforçaram os seus poderes, iniciando-se aqui, verdadeiramente, o exercício do poder temporal que acumularam com o poder espiritual. A autoridade conseguida através desta lei será consolidada, não obstante a oposição do governador, pela Lei de 30 de julho de 1609**, aprovada já no consulado de Filipe II, que declarava todos os gentios daquelas partes do Brasil por livres "conforme a Direito e seu nascimento natural", mesmo os que viviam ainda "como gentios", praticando os seus ritos e cerimónias. Não poderiam ser obrigados a servir contra a sua livre vontade, e todo o seu labor deveria ser-lhes pago como qualquer homem livre, além de garantir as suas fazendas e propriedades, bem como a possibilidade de viverem e comerciarem com os moradores brancos das capitanias.

Confiava ainda aos jesuítas a civilização e catequese dos índios, "pelos muitos conhecimentos e exercício que desta matéria têm", e pelo crédito e confiança que os gentios lhe fazem, entregando-lhes o seu protetorado, e ordenava a restituição da liberdade a todos os que tivessem sido escravizados contra o Direito, declarando nulos todos os títulos de posse. A partir de então, tinha o governador que ajustar com os inacianos as questões de administração dos aldeamentos, da distribuição de terras, da entrega dos índios para serviços públicos ou privados, reservando-se-lhes a prerrogativa de entrarem no sertão para o "descimento" dos naturais.

Este controlo absoluto sobre os índios resultou, forçosamente, em excessos. Munidos de um poder quase ilimitado, os padres da

---

"guerra justa". No entendimento do primeiro, deveria basear-se somente no critério da necessidade de uma "causa justa". São Tomás de Aquino acrescenta-lhe um outro, o da "autoridade adequada", isto é, ser declarada por um poder legítimo. A conceção de guerra justa adotada pelo Estado Moderno incluía a defesa contra os invasores, a restauração de um direito violado, a punição dos infratores e a garantia do retorno à paz.

Companhia de Jesus desviaram muitas vezes a sua atenção para os bens temporais, desenvolvendo a agricultura e o comércio, com o recurso aos indígenas que abundavam nas suas fazendas e engenhos, condição que colocava os colonos em desvantagem. Tal estado de coisas levou, particularmente em São Paulo, os moradores brancos, faltos de trabalhadores, a levantarem bandeiras[19] com a finalidade de capturar índios bravos fora da jurisdição dos jesuítas.

Numa tentativa de conciliação das partes, a Corte promulgou a Lei de 10 de setembro de 1611** que confirmou a liberdade dos índios, legitimando ao mesmo tempo o cativeiro dos resgatados quando prisioneiros de outros índios, em risco de serem devorados, ou quando capturados em guerra justa, a qual somente seria autorizada pelo rei em função do parecer favorável de uma Junta integrada pelo governador, pelo bispo, pelo chanceler e desembargador, e por todos os prelados das Ordens.

Previa, também, a mesma Lei, as seguintes normas: que os resgatados se manteriam cativos durante dez anos, no caso de haverem sido comprados por preço que não excedesse o fixado pela Junta, e por toda a vida, se tal preço houvesse sido superior; a nomeação de um capitão no âmbito dos poderes do governador, sob parecer favorável do chanceler e do provedor de defuntos; a organização das aldeias em povoações de não mais de 300 casais, distantes das matas do pau-brasil e dos engenhos, de modo a evitar danos para os índios; a existência de uma igreja em cada uma das povoações, tendo à frente um vigário, clérigo português conhecedor da língua indígena e, na sua falta, um membro da Companhia de Jesus; a possibilidade de os índios prestarem serviços particulares, mas de acordo com a sua vontade e por valores estabelecidos pelo Estado.

Esta regulamentação, a cumprir-se, retirava aos jesuítas a exclusividade da administração temporal dos índios, poder de que, anteriormente, se encontravam investidos, abrindo-se esta prerrogativa às outras Ordens Religiosas, e instituindo o sistema que confiava o governo das aldeias a colonos.

---

[19] Expedições organizadas de indivíduos armados que se internavam nas terras do sertão para fazer a exploração territorial e a captura de índios.

Somente em 1622 os jesuítas recuperaram algum do poder perdido, com a condição de não se imiscuírem no relacionamento entre os índios e os colonos que controlavam as aldeias. Desta forma, intensificaram-se os resgates através de constantes surtidas pelos sertões, particularmente por parte dos paulistas, em busca de índios para escravizar e vender. Nem sequer as missões jesuítas escaparam ao saque. Na sua luta em prol dos direitos indígenas, mais propriamente virada contra o seu cativeiro, fora das aldeias por si controladas, em oposição às determinações régias e às provenientes das autoridades religiosas, os jesuítas obtiveram do Papa Urbano VIII o Breve *Commissum Nobis***, de 22 de abril de 1639, proibindo o cativeiro dos índios, que fazia incorrer na pena de excomunhão aqueles que os cativassem e vendessem.

A notícia do Breve deu lugar a levantamentos e acutilantes protestos. No Rio de Janeiro, apesar do apoio do governador Salvador Correia de Sá, os jesuítas foram forçados a assegurar que não mais se envolveriam na administração dos índios; em S. Paulo, acabaram por ser expulsos, vendo os seus bens confiscados. Ao contrário do que seria admissível, a expulsão não pôs termo às discórdias em torno da questão dos índios, que se prolongaram por todo o território. Ao facto não eram alheios os membros das restantes Ordens, como se depreende do parecer do Conselho Ultramarino, de 6 de maio de 1646, endereçado ao Governador-Geral, António Teles da Silva, ordenando a restituição dos bens dos jesuítas da vila de São Paulo e exigindo que os provinciais de São Bento, de Nossa Senhora do Carmo e de São Francisco proibissem os seus membros do incitamento aos fiéis contra os rivais jesuítas.

Os efeitos foram nulos, uma vez que os jesuítas somente em 1653 puderam retornar a S. Paulo e recuperar o seu património.

6. No antigo Estado do Grão-Pará e Maranhão. A ação de Frei Cristóvão de Lisboa e do Padre António Vieira.

Na sequência da criação do novo Estado do Maranhão, independente do Estado do Brasil, por carta régia de 13 de junho de 1621, nomeia-se o primeiro governador e, a acompanhá-lo, para lançar as bases evangelizadoras na nova unidade política, missionários francis-

38 Cadernos de Literatura de Viagens

canos da Província de Santo António de Portugal, chefiados por Frei Cristóvão de Lisboa.

O custódio acumulava também as funções de Vedor e Qualificador pelo Tribunal da Mesa da Consciência e Ordens, e de Visitador e Comissário do Tribunal de Santo Ofício. Ainda no Reino tinha obtido por alvará régio a prerrogativa da administração temporal das aldeias dos índios, o que lhe permitiu exercer um papel relevante junto da Coroa na complexa "questão do índio", e na denúncia dos seus maus tratos e falta de direitos essenciais. Recorde-se que no Maranhão, e em toda a região amazónica, a economia era praticamente suportada pelas populações ameríndias, já que aquela se baseava essencialmente na coleta das "drogas do sertão", e aos índios cabia a importante tarefa de assegurar os transportes de pessoas e de mercadorias através dos rios, as únicas estradas da floresta. Eram também usados maciçamente na proteção contra os estrangeiros europeus que cobiçavam o território e nas agendas domésticas e de lavoura, numa época em que não tinham ainda sido introduzidos escravos africanos na região.

Logo em 1625, o missionário, na sua entrada solene em Belém, apresenta o alvará régio que retirava aos civis a direção das aldeias dos índios, o que originou um levantamento dos moradores brancos e um clima de hostilidade e conflito permanentes entre o superior dos franciscanos e os colonos, e que nunca mais cessou durante a vigência do seu custodiato.

Durante os onze anos em que esteve no Brasil, Frei Cristóvão de Lisboa pautou a sua atividade como defensor dos índios, tendo proferido sermões de acusação, feito excomunhões públicas, enviado ofícios e pareceres, confrontado as outras ordens religiosas e as autoridades locais, em permanente denúncia pública.

Os seus sermões constituem peças brilhantes de Oratória Sacra, que usou para alertar as consciências relativamente aos índios. A sua prédica foi habilmente utilizada nos púlpitos, e depois publicada em coletâneas, de que se destaca o *Santoral de Vários Sermões de Santos Oferecido a Manuel Severim de Faria, Chantre da Sé de Évora*[**] (1638) e o *Jardim da Sagrada Escritura* de 1653, um ano após o seu falecimento. Neles pode ler-se, por exemplo:

Questões jurídicas sobre os Índios do Brasil 39

E hoje vemos que os sertões estão acabados, destruídos, assolados. Os índios fugidos, mortos, consumidos, e que não há quem venha a receber a fé, nem sacrificar-se a Deus, mas que aqueles que a tinham recebida fogem da Igreja por estes matos[20].

O missionário interpela os fiéis sobre o cativeiro lícito e ilícito, sobre a guerra justa e injusta, e sobre as condições em que decorrem as "entradas" ou "descimentos". Cristóvão abandona o estado maranhense e vai diretamente a Espanha denunciar as arbitrariedades ali vividas, nomeadamente as perseguições de que os Capuchos eram alvo, às mãos dos colonos, e que terminou com o cerco ao seu convento em São Luís, e ao assassinato de um frade. Já depois do seu regresso ao Reino, e na qualidade de Bispo de Angola, Cristóvão continuou a emitir pareceres para o monarca através do Conselho Ultramarino, tendo influenciado a lei de 29 de outubro de 1647, promulgada por D. João IV, e que regulamentava a situação do cativeiro dos índios: *Lei por que Sua Majestade mandou que os índios do Maranhão sejam livres, e que não haja administradores nem administração neles, antes possam livremente servir e trabalhar com quem lhes bem estiver e melhor lhes pagar seu trabalho.*

Esta questão do papel dos missionários de outras ordens religiosas, como a dos franciscanos, em defesa dos ameríndios, ainda está muito esquecida pela historiografia tradicional, que focaliza toda a problemática em torno da Companhia de Jesus, tomando os seus "rivais" como defensores e propiciadores do cativeiro, o que não corresponde à verdade ao refletir tendências historiográficas mitificadoras ou iconoclastas.

O confronto entre as várias congregações religiosas pelo controle da administração política das aldeias dos índios, e entre estas e os moradores brancos, entre as autoridades locais e centrais, e entre o clero episcopal e o clero regular, foi uma constante na vida pública do Estado do Maranhão, com profundas implicações na situação social e económica.

---

[20] Frei Cristóvão de Lisboa, "Sermão de Nossa Senhora da Apresentação", in *Santoral de Vários Sermões de Santos Compostos por Frei Cristóvão de Lisboa, Religioso da Ordem do Seráfico Padre S. Francisco da Província de Santo António dos Capuchos de Portugal, Sente de Teologia, Regedor e Qualificador do Santo Ofício*, Lisboa, por António Álvares, 1638.

40   Cadernos de Literatura de Viagens

Esta problemática é de tal modo complexa que não se podem analisar todas as suas componentes num estudo deste tipo, remetendo-nos para outros trabalhos em curso[21].

Em 1655, chega o Padre António Vieira ao Maranhão e Grão-Pará como superior da Companhia de Jesus naquele Estado, assumindo desde logo o protagonismo na problemática "questão dos índios". Devido às condições excecionais de proximidade ao monarca, alcançara na Corte a promulgação de instrumentos legais que o privilegiavam na condução deste assunto. O conflito entre jesuítas, colonos, poder local e membros das outras ordens religiosas deveu-se também à hegemonia e à tentativa de exclusividade da Companhia na administração política dos indígenas, alicerçada na Carta de D. João IV, de 21 de outubro desse ano, que lhe dava completa autonomia para agir nessa matéria.

A grande questão prendia-se com as circunstâncias específicas daquele estado do Norte, cuja vida económica, civil, religiosa ou militar era, como se disse, na sua quase totalidade baseada na mão-de-obra indígena, ao inverso do resto do Brasil, onde milhares de escravos negros tinham sido já introduzidos para assegurar todos os serviços e produções. A situação da liberdade e do cativeiro dos índios, o seu descimento, aldeamento e repartição teve contornos completamente diferentes nesta circunscrição administrativo-política, pois os naturais eram imprescindíveis para a existência daquela realidade colonial. Para além das dificílimas condições de introdução do elemento negro diretamente de África, o seu saber e conhecimento da realidade amazonense não eram substituíveis.

Foram também estes condicionalismos que agudizaram a conflitualidade de interesses, pela importância do domínio da mão-de-obra índia, base de toda a vida maranhense. Pressionada pelos colonos do Pará e do Maranhão, através dos seus procuradores enviados a Lisboa, a Corte expediu a Provisão de 17 de outubro de 1653, que ampliou

---

[21] Maria Adelina Amorim, uma das autoras deste artigo, está a preparar a sua dissertação de doutoramento a apresentar à Faculdade de Letras da Universidade de Lisboa, sob o título "A Missionação Franciscana na Amazónia Colonial (1622-1750)", pelo que remete para esse estudo um tratamento mais problematizado desta temática. Ver também da autora, *Os Franciscanos no Maranhão e Grão-Pará: missão e cultura na primeira metade de Seiscentos*, Lisboa, CEHR/Universidade Católica Portuguesa; CLEPUL/Universidade de Lisboa.

as condições em que era lícito o cativeiro dos índios, e introduziu alterações que dificultaram ainda mais a situação dos ameríndios. Assim, com a alegação de que se obstassem à propagação do Evangelho, não defendessem os bens e vidas dos "vassalos d'El Rei", não pagassem tributos, se recusassem a trabalhar nos serviços reais ou mantivessem contactos com os inimigos da Coroa Portuguesa, aditaram-se várias cláusulas que legitimavam o seu cativeiro.

Tal provisão, que representava um retrocesso em relação à Lei de 10 de setembro de 1611, provocou a reação de Vieira que, já consciente das leis que se preparavam em Lisboa, aqui regressa, numa tentativa de influenciar o monarca.

Não lhe foi, assim, difícil obter, em favor do que defendia, a Lei de 9 de abril de 1655, que revogava, parcialmente, a provisão anterior. Diz nas suas *Cartas* que o rei anulou a dita lei por nela estarem insertas algumas "cousas contra a mente e tenção de Sua Majestade, pelo que se deveria repor tudo como estava antes", conforme se ordenava ao novo governador que estava para partir, André Vidal de Negreiros[22].

Embora continuando a permitir o "resgate", ficou decretado que as "entradas" deveriam ser feitas por oficiais escolhidos em conjunto pelos capitães-mores, vereadores da Câmara, prelados das religiões e vigário-geral, quando o houvesse, mas sempre acompanhadas por padres jesuítas a quem seria concedido o governo das aldeias e a repartição dos índios pelos colonos. Este benefício dado à Companhia de Jesus, em detrimento das várias ordens religiosas no terreno, sobretudo os franciscanos, a quem tinha sido concedida de início a prerrogativa da administração espiritual e temporal das aldeias, levou ao seu protesto contra a acumulação de benesses por parte dos inacianos nesta matéria, confundindo-se, muitas vezes, esta posição com uma atitude pró-esclavagista, o que não é exatamente o mesmo.

---

[22] Padre António Viera, *Cartas do Padre António Vieira, op. cit,* p. 36.

7. Novas tentativas legais de estruturação administrativa e religiosa

Com o fim de regulamentar de uma forma mais eficaz as questões ligadas à administração espiritual e política dos índios, a Corte criou, nesse mesmo ano de 1655, a Junta Geral das Missões, com as características de um órgão consultivo, sem qualquer caráter jurisdicional. Seguiu-se-lhe o estabelecimento, a 7 de março de 1681, de uma Junta local em Pernambuco, uma no Rio de Janeiro e outra no Maranhão.

Na sequência da legislação criada pela Lei de 9 de abril, e com a autoridade que lhe advinha do cargo de visitador, Vieira elaborou o "Regulamento das Aldeias", depois denominado por "Visita", que constava de três capítulos: 1 – O que pertence à observância religiosa dos padres; 2 – O que pertence à cura espiritual das almas; 3 – O que pertence à administração temporal dos índios[23].

A contínua intervenção dos jesuítas, em contraposição às necessidades de uma economia totalmente baseada na mão-de-obra dos naturais, mas também o modo como a Companhia, através do protagonismo de António Vieira, tentou chamar a si a exclusividade da administração temporal dos índios, anulando o papel e a ação das outras ordens religiosas, desembocou num motim que terminou com a sua expulsão do território.

Com a morte de D. João IV, os adversários da Companhia ganharam novo fôlego e obtiveram, já de D. Afonso VI, a Provisão de 12 de setembro de 1663. Da mesma foi portador Jorge Sampaio de Carvalho, procurador do Maranhão, eleito pelo povo e um dos responsáveis pelo levantamento contra os jesuítas.

Das acusações que sobre ele pendiam junto a D. Afonso VI, defendeu-se Vieira num longo escrito que não teve reflexos positivos uma vez que coincidiu com o seu desterro para o Porto e Coimbra por ordem da Mesa da Inquisição.

Entretanto, já os seus confrades inacianos haviam regressado ao Maranhão sob condição expressa de não se imiscuírem no governo dos índios, perdendo o monopólio por que tinham lutado durante a estada de Vieira.

---

[23] Serafim Leite, *História da Companhia de Jesus no Brasil*, vol. IV, Lisboa, Portugália; Rio de Janeiro, Instituto Nacional do Livro, 1943, pp. 54-55.

Questões jurídicas sobre os Índios do Brasil   43

A nova provisão vetava o exercício de qualquer poder temporal sobre os ameríndios por parte dos jesuítas e membros de todas as outras ordens religiosas, ficando todas em pé de igualdade no campo da missionação, uma prerrogativa diametralmente contrária aos interesses dos inacianos. Para além desta alteração radical em matéria de governação dos naturais, determinava que a nomeação dos cabos das tropas envolvidas nas descidas dos índios transitasse para a competência das Câmaras, que se pronunciariam também sobre as entradas anuais no sertão; os missionários que acompanhavam as tropas ficavam inibidos de trazer escravos para si ou para a Ordem a que pertenciam, proibição que se alargava a todos os integrantes da comitiva; os jesuítas viram as suas missões restituídas, mas apenas, conforme referido, com jurisdição espiritual. Ordenava, por fim, que na repartição dos índios se seguisse a lei comum e que o repartidor fosse eleito pela Câmara e acompanhado pelo pároco de cada aldeia.

As dúvidas suscitadas no concernente à interpretação da nova lei reacenderam as discussões e o descontentamento dos colonos, sobretudo porque impedia os cabos de fazerem resgates, e os governadores de participarem no comércio.

A provisão acabou por ser suspensa e os conflitos regressaram. Somente a Carta Régia de 9 de abril de 1667 veio trazer alguma acalmia, uma vez que excluiu os jesuítas da competência das repartições, encargo que foi conferido ao juiz mais velho.

Uma nova tentativa no sentido de dirimir a questão foi feita pelo Príncipe D. Pedro com a Lei de 1 de abril de 1680. No seu preâmbulo acentuava-se o reiterado incumprimento da legislação por parte dos moradores brancos[24]. Como principal inovação, instituía o fim da captura de índios, a qualquer título, no Estado do Maranhão, mesmo nos casos previstos na legislação anterior, cujas leis deu por derrogadas no concernente ao cativeiro[25], cominando os faltosos com a pena de prisão e a sua extradição para Lisboa; que qualquer pessoa de qualquer condição que cativasse ou mandasse cativar algum índio, publica ou secretamente, fosse mandada prender pelo Ouvidor Geral

---

[24] Ver António Delgado da Silva, *Collecção da Legislação Portugueza*, 1775-1779, Lisboa, Tipografia Maygrense, 1820, pp. 369-376.

[25] *Idem, Ibidem.*

do Estado para ser remetido para o Reino, a fim de ser julgado e condenado[26].

Representa esta legislação um recuo do domínio dos colonos, que uma vez mais se insurgiram, argumentando os direitos anteriores e renovando a tensão com os missionários. O próprio bispo do Maranhão fez coro com os moradores, por entender que tinha jurisdição sobre os padres na qualidade de simples párocos, o que revela mais uma vez o embate de interesses, mesmo tratando-se de membros do clero.

A introdução da Companhia do Comércio do Maranhão, constituída por Alvará de 12 de fevereiro de 1682, agravou o descontentamento, em razão das suas características monopolistas, e que culminou, em 1684, com a revolta de Manoel Beckman, também conhecida por "Revolta de Boquimão". Ela representou a extinção da companhia mercantil e nova expulsão dos jesuítas, matéria também condicionada por vários elementos de análise, que superam o âmbito deste estudo.

Para atalhar a contínua disputa entre particulares e religiosos, e entre estes e as autoridades pelo controle dos índios, e respetivas áreas de intervenção, a Coroa promulga a 21 de dezembro de 1686 o *Regimento e Leis sobre as Missões do Estado do Maranhão e Pará e sobre a Liberdade dos Índios*[**27], medida fundamental que contemplava um conjunto vasto de outras regulamentações sobre a condição dos ameríndios e a prática missionária.

Em 19 de março de 1693, por carta régia de D. Pedro II, repartem-se as áreas de missão da vasta Amazónia pelos vários institutos religiosos, iniciando-se um novo período no tocante à relação com os naturais, pois nas suas áreas geográficas, e nas missões que fundaram, as práticas iriam variar.

Seguiu-se um conjunto variadíssimo de legislação que ora derrogava, ora repunha a anterior, consoante o poder das partes em confronto, de que foram exemplos a lei de 9 de dezembro de 1706, as Cartas Régias de 5 de julho de 1715 e de 12 de outubro de 1719 ou o Decreto de 13 de abril de 1728, todas sob a égide de D. João V.

---

[26] *Idem, Ibidem.*

[27] Impresso em Lisboa por António Manescal da Costa em 1724, pp. 1-16. Republicado em apêndice ao vol. IV da *História da Companhia de Jesus no Brasil* de Serafim Leite, *op. cit.,* 369-377.

Nada impedia a degradação do trato com os ameríndios, a tudo se recorrendo para justificar o seu aprovisionamento, inclusive à deturpação das leis que lhes fossem mais favoráveis. Os colonos, o Governo e os próprios missionários não tinham qualquer pejo em transformar os índios em massa trabalhadora escrava, deixando para trás os propósitos evangelizadores.

8. Com o agravar da situação, a mediação papal

A situação encontrava-se de tal modo degradada que D. João V se viu forçado a recorrer ao Papa Bento XIV que expediu, na sequência do que haviam feito os seus antecessores Paulo III e Urbano VII, a Bula *Immensa Pastorum***, de 20 de dezembro de 1741, proibindo, peremptoriamente, a escravatura nas províncias do Paraguai, do Brasil, nas margens do Rio da Prata, e de quaisquer outros lugares e terras das Índias Ocidentais e Meridionais.

O documento fazia um relato minucioso da situação, enumerando os tratos a que os ameríndios se encontravam sujeitos, proibindo-se com severas penas que fossem injuriados, açoitados, escravizados ou mortos[28].

O Papa instituía a proibição de qualquer forma de escravização, sob pena de rigorosa excomunhão, através da afixação de éditos públicos, fossem civis ou religiosos de qualquer filiação clerical, jesuítas, mendicantes ou seculares, bem como membros das ordens militares. Ordenava

> que alguma Pessoa, ou seja Secular, ou Ecclesiastica, de qualquer estado, ou sexo, gráo, condiçaõ, e dignidade (...) se atreva, nem attente daqui em diante fazer escravos os referidos Indios, vendellos, comprallos, trocallos, ou dallos; separallos de suas mulheres, e filhos; (...) transportallos, ou por qualquer modo privallos da sua liberdade, e retêllos em escravidaõ[29] (...),

o que serviu de base ao edital mandado afixar a 29 de maio de 1757 por D. Frei Miguel de Bulhões, Bispo do Grão-Pará.

---

[28] Cf. Bula "Immensa Pastorum", de 20 de dezembro de 1741.

[29] *Idem, Ibidem.*

46 Cadernos de Literatura de Viagens

Na sequência do que já haviam tentado fazer monarcas anteriores, D. José I, pelas mãos do seu ministro Marquês de Pombal, vai legislar sobre a matéria, publicando aquelas que serão as leis mais incisivas, numa tentativa de dirimir a questão do cativeiro dos índios.

9. A Lei de D. José I, o Diretório Pombalino e o fim da administração dos missionários

Uma das mais importantes reformas pombalinas, no concernente à política indigenista, foi a promulgação do *Directório, que se deve observar nas povoações dos índios do Pará, e Maranhão em quanto sua Magestade não mandar o contrario***, código legislativo que laicizava a administração dos aldeamentos dos ameríndios, dentro da linha do enfraquecimento do poder inaciano, e parecia devolver aos naturais o seu destino.

Efetivamente, a 6 de junho de 1755, D. José assinou a Lei que restituía aos índios do Grão-Pará e Maranhão a liberdade de suas pessoas, bens e comércio e, no dia seguinte, o Alvará com força de lei que terminava definitivamente com a administração dos mesmos índios pelas ordens religiosas. Neste contexto, é um fator de relevância a tentativa de o Marquês acabar com o poder económico e político dos Jesuítas no Brasil, em especial no estado do Norte, cujas fronteiras estavam sob ameaça permanente das potências estrangeiras e a sua defesa dependia das "muralhas do sertão", os índios, que estavam sob controle dos missionários. Ao mesmo tempo, era necessário retirar-lhes o grande peso que exerciam na economia e no comércio brasileiros, que passava, no estado grã-paraense, pelo domínio dos índios.

No preâmbulo da lei de D. José I (a que preparà o texto do *Directório* do Marquês), enumeram-se não só as causas impeditivas ao crescimento da população indígena, como ainda da sua "civilização", "com lamentavel prejuízo da salvaçaõ das suas almas, e grave damno do mesmo Estado"[30].

O diploma apontava as causas para a situação a que tinham chegado os ameríndios no Estado do Grão-Pará e Maranhão, e que

---

[30] António Delgado da Silva, *Collecção da Legislação Portugueza*, 1700-1762, *op. cit.*, p. 369.

Questões jurídicas sobre os Índios do Brasil

justificavam as decisões ora tomadas, principalmente pelo incumprimento da legislação, quer no âmbito civil dos monarcas antecessores, quer canónico dos Sumos Pontífices, especificando as leis de 1570, 1587, 1595, 1609, 1611, 1647 e 1655[31].

Na Lei dispõe-se, taxativamente, que os índios passavam a ser considerados como qualquer cidadão

> com os mesmos direitos e obrigações, sem qualquer distinção ou exceção para gozarem de todas as honras, privilégios, e liberdades, de que os meus Vassalos gozão atualmente conforme as suas respetivas graduaçoens, e cabedaes. O que tudo se extenderá também aos Indios, que estiverem possuídos como escravos[32].

Permitia-se a sua prestação de trabalho, não já na condição de escravos, mas como qualquer outro assalariado, estabelecendo-se regras precisas para a fixação do correspondente pagamento, conforme o que se praticava no Reino e no resto da Europa. De modo a poderem sustentar-se, instituía-se o direito de propriedade previsto no Alvará de 1 de abril de 1680, restituindo-lhes a posse e uso dos seus bens e terras.

O Alvará de 7 de junho estabelece uma nova organização administrativa, terminando de vez com o domínio político das ordens religiosas implementadas no território. Ao mesmo tempo determina uma forma política de governo que fosse ajustada aos costumes dos índios.

Baseando-se na Lei de 12 de setembro de 1673, que punha fim à jurisdição exercida sobre as populações indígenas pelas ordens religiosas e, essencialmente, pela Companhia de Jesus, lei que renova e confirma, D. José delibera que as novas vilas criadas em substituição das anteriores aldeias passariam a ser governadas pelos seus principais (chefes ameríndios), que seriam assistidos por oficiais militares e meirinhos das suas próprias nações[33].

Em 1758, por força de nova Bula do Papa Bento XIV, de 1 de abril desse mesmo ano, que autorizava a reforma dos inacianos, foi-lhes proibido o exercício do comércio tanto em Portugal como em qualquer dos seus domínios. Daqui à sua extinção a 3 de setembro de 1759 foi um passo.

---

[31] *Idem, Ibidem.*

[32] *Idem, Ibidem*, p. 372.

[33] *Idem, Ibidem*, pp. 369-376, pp. 392-394.

Mas, tal como já havia sucedido com as leis anteriores, o *Directório* não travou os conflitos em torno da espoliação dos ameríndios e do seu enfraquecimento identitário, se bem que tivesse representado um importante contributo teórico para a sua "liberdade". O período posterior à aplicação desta lei *mater* da liberdade e cativeiro dos índios veio demonstrar que as prometidas alterações à exploração dos naturais, que pugnava pela sua autonomia e governo próprio, não se concretizaram, levando mesmo à sua revogação e ao fracasso total do empreendimento. As dúvidas levantadas pelos seus opositores alimentaram uma permanente controvérsia que forçou D. João VI, ainda príncipe regente, a expedir a Carta Régia de 12 de maio de 1798 que, no essencial, decretava o fim do *Directório* e a sujeição dos índios às leis gerais, sem proteção específica.

Já com a presença da Corte no Brasil, o Príncipe Regente, através da Carta Régia de 13 de maio de 1808, ordenou que se fizesse guerra aos índios Botocudos de Minas Gerais, a qual deveria prolongar-se até que os mesmos se sujeitassem. Procedimento semelhante foi adotado em relação aos índios Bugres de São Paulo por Carta Régia de 5 de novembro de 1808, numa clara retoma da aplicação da "guerra justa". Nela se assinalava, designadamente, que todo o miliciano, ou qualquer morador, "que segurar algum destes Índios, poderá considerá-los por 15 anos como prisioneiros de guerra, destinando-os ao serviço que mais lhe convier"[34].

Era, nem mais nem menos, o regresso – ou a continuidade – dos cativeiros e das "bandeiras", apesar dos clamores insistentes, que reafirmavam a liberdade dos índios e recomendavam, para eles, um tratamento cristão.

10. A nova legislação do Brasil

Com a independência do Brasil, proclamada a 7 de setembro de 1822, a questão dos índios continuou na ordem do dia. Na Assembleia Geral Constituinte que se lhe seguiu, José Bonifácio de Andrada e Silva apresentou um importante documento que preconizava medidas tendentes à melhoria da sua civilização.

---

[34] *Coleção das Leis do Brazil*, Rio de Janeiro, Imprensa Nacional, 1891, pp. 156-158.

Em 7 de abril de 1831, D. Pedro II, ainda na menoridade, foi elevado ao trono. A 27 de outubro do mesmo ano, promulgou a primeira legislação sobre tão crucial matéria. Foram revogadas as cartas régias que preconizavam a guerra contra os índios Botocudos e Bugres, determinando a liberdade de todos os cativos e atribuindo aos juízes de paz o encargo de zelarem pela sua liberdade.

Seguiu-se a publicação de um vasto conjunto de normas reguladoras tendentes a introduzir alterações no relacionamento com os indígenas, mas que na prática não eram tão distantes dos pressupostos coloniais.

De todos os normativos, o mais saliente terá sido o Decreto n.º 426, de 24 de julho de 1845, que tratava da regulação da catequese e "civilização" dos índios, com disposições ainda detetáveis na atualidade. Contemplava a existência, em cada província, de um diretor geral dos índios, com a graduação de Brigadeiro, designado pelo Imperador, e tinha como principais objetivos a conversão dos índios ao cristianismo e a sua educação religiosa; a sua instrução primária; a proibição do uso da força para atrair os índios às aldeias, qualquer que fosse a finalidade, mesmo a da sua educação religiosa; garantia de proteção total; proibição de comportamentos vexatórios da sua cultura e dos seus hábitos.

Estabelecia um conjunto de regras a seguir, fossem de natureza económica, cultural, religiosa ou recreativa, que pareciam representar um corte com o passado, no sentido de pôr termo aos atropelos que vitimaram os índios ao longo dos tempos.

No entanto, o futuro viria mostrar que as feridas da História ainda não cicatrizaram...

A REVELAÇÃO DO BRASIL À EUROPA:
UMA FESTA BRASILEIRA EM ROUEN

TÂNIA PÊGO[*]
SOFIA SANTOS[*]

Tal como acontecia com a Inglaterra e Holanda, a França não aceitava a divisão de terras entre Portugal e Espanha disposta pelo Tratado de Tordesilhas. Assim, durante os primeiros trinta anos após o descobrimento do Brasil, enquanto Portugal mantinha os seus interesses económicos ainda voltados para a África, a França deu início a um período de exploração do litoral brasileiro.

Aventurando-se pela costa, do Norte ao Sul, os navegadores franceses travaram relações amistosas com os índios Potiguaras e Tupimanbás, no Maranhão, e com os Tamoios, no Rio de Janeiro. Alguns aventureiros chegaram mesmo a viver com os índios, constituindo família, adquirindo alguns dos seus hábitos, aprendendo a sua língua para, assim, servirem como "línguas"[**]. O interesse da França no Brasil era puramente económico. As relações comerciais, baseadas no escambo, não forçavam os índios ao trabalho, o que permitia um convívio pacífico e facilitava as trocas comerciais, sobretudo a do tão cobiçado pau-brasil, que tanto sucesso fazia na Europa.

O Brasil tornava-se assim num excelente negócio para os comerciantes franceses do século XVI. Isso representou uma ameça à soberania portuguesa, que proibiu a entrada dos franceses no Brasil, enviando expedições guarda-costas para defender a sua colónia. Entretanto, tal proibição não evitou que os franceses continuassem a frequentar com assiduidade as terras brasileiras. Alguns começaram a penetrar nas matas, desbravando o território, e não tardou que os relatos da

---

[*] Tânia Pêgo, Mestre em Literatura Brasileira.
[*] Sofia Santos, Mestre em Literatura Portuguesa Moderna e Contemporânea.

fauna e flora fabulosas que encontravam fossem divulgados. A ideia de que aí se encontrava o El Dourado foi ganhando força e atraindo mais aventureiros.

A divulgação da existência de índios que viviam em estado natural embrenhados nas exuberantes matas do Brasil teve grande sucesso na Europa. Os marinheiros e os navegadores europeus, e também comerciantes, referiram as características das gentes e da terra, por vezes de forma bastante imaginativa, trazendo não só papagaios, macacos e outras espécies do reino animal, à semelhança do que os portugueses já haviam feito a partir de África, como também alguns naturais para serem vistos nos seus países.

Como refere Massa[1], os poucos índios enviados à Europa eram, até à altura, apresentados aos reis numa exibição privada, apreciados como curiosidades zoológicas e considerados como animais. A apresentação dos ameríndios à Europa que mais destaque teve foi a de Rouen, em 1550, onde os principais protagonistas foram os Tupinambás, nativos brasileiros, grandes aliados dos franceses, que aí estiveram presentes em grande número. O seu relato é pormenorizadamente descrito na obra de Ferdinand Denis, *Une Fête Brésilienne Célébrée a Rouen en 1550**. Trata-se de uma cerimónia de recepção aos reis de França, Henrique II e a sua esposa, Catarina de Médicis, que se encontravam de visita à Normandia naquele ano.

Para celebrar a visita dos reis a Rouen, um dos destinos da cobiçada madeira extraída no Brasil, os comerciantes locais decidiram surpreender os monarcas com um espetáculo que desse a conhecer algumas das maravilhas do Novo Mundo, numa tentativa de despertar o interesse do rei e também de outros possíveis investidores em novas expedições exploradoras, aproveitando-se do facto de um séquito de altas personalidades francesas (membros da corte, ministros, bispos e demais membros do clero), embaixadores dos reinos de Espanha, Portugal, Alemanha, Veneza e a rainha da Escócia, dentre outras, fazerem parte da comitiva real. Dessa forma, a festa conjugou o espetáculo cultural com os interesses comerciais.

---

[1] Jean Michel Massa, "Le Monde Luso-Brésilien dans l'entrée de Rouen", *in* Jean Jacquot e Elie Konigson (eds.), *Les Fêtes de la Renaissance*, Quinzieme Colloque International D'Etudes Humanistes, Tours, 1972, p. 112.

A revelação do Brasil à Europa: *uma festa brasileira em Rouen*   53

Tendo em conta as notas deixadas por Ferdinand Denis a propósito da festa de Rouen, a magnificência e sumptuosidade da recepção realçaram menos o poderio do rei francês do que a riqueza e beleza inéditas que caracterizavam o novo país. É, por isso, importante atentar na escolha temática da recepção a Henrique II, uma vez que o fascínio pelo desconhecido tomou, naquele momento, a dianteira de um estranha dialética que se começava a estabelecer entre o luxo natural e o luxo artificial, próprio das civilizações industrialmente mais avançadas. A curiosidade por novas formas de vida, hábitos e costumes representou, à altura, não só uma mudança paradigmática no modo como se começavam a traçar as relações comerciais e identitárias entre os povos, como desencadeou também um desequilíbrio conceptual entre as ideias de dominador e dominado. Contrariamente ao que seria de esperar, os colonizadores encontravam-se numa posição claramente desvantajosa relativamente aos habitantes do novo mundo, se se tiver em conta que o interesse de comunicação e comércio partira dos europeus, ignorantes da cultura e costumes indígenas[2]. Desta forma, celebrava-se a grandiosidade do Brasil e a dos seus habitantes em terra de colonizadores, ao mesmo tempo que essa paulatina descoberta do desconhecido despertava crescente fascinação, deleite visual e, por conseguinte, a inevitável rendição. Como se pode comprovar no documento citado por Denis, a descrição da idílica recepção, da cenografia e dos eventos simulados eclipsa, pelo seu exotismo e exuberância, a presença das variadas personalidades estatais e eclesiásticas que prestigiavam a Festa.

---

[2] Ferdinand Denis desenvolve este ponto de vista: "Disons-le donc, cês guerriers indomptables qui se mêlèrent si complaisamment aux matelots de Rouen pour divertir *leurs parfaicts alliés*, comme dit Lery, cês hommes extraordinaires qui n'hésitoient pás à franchir l'Océan, obéissant naïvement à une puré fantasie, cês *sauvaiges* voisins de *l abrute*, comme les qualifioient les plus éclairés, étoient certes plus avances dans l'échelle sociale que n ele supposoient ceux qui les accueilloient si dédaigneusement, et qui en faisoient leur jouet; ils avoient une langue harmonieuse, une cosmogonie bien plus compliquée qu'on n ele croit généralement, un esprit singulièrement prompt surtout à saisir les différences tranchées que les vices de notre civilisation établissoient entre eux et nous. Montaigne se méprit peut-être à son tour, en adoptant une opinion diamétralement opposée à celle de son siècle. Il savoit que si cês tribus ne formoient pás de villes considérables et n'édifioient pás de villes considérables et n'édifioient pás de cites, elles pouvoient mettre sur pied des armées de quinze et vingt mille combattans (...)." Ferdinand Denis, *Une Fête Brésilienne: Célébrée a Rouen en 1550*, Paris, J. Techener, Libraire, 1850, p. 5.

54 Cadernos de Literatura de Viagens

Mais do que as estátuas em ouro concebidas para presentear o Rei, os obeliscos, templos e arcos do triunfo provisórios, os factos que literariamente imortalizaram a festa de Rouen ligaram-se à arte de preparação da impressionante cenografia e à novidade dos cenários "naïvement depinct au naturel"[3], compostos por fauna e flora nunca antes observadas no velho continente. Sob o olhar dos presentes, o Sena transformou-se numa paisagem tipicamente brasileira. As árvores francesas adquiriram características sul americanas ao serem pintadas e ornamentadas de modo a assemelharem-se às do Brasil. Nem a imitação dos seus frutos foi deixada ao acaso, bem como dos arbustos plantados artificialmente ("genestz, geneure, buys et leurs semblables entreplantez de taillis espes"[4]) preechendo com cores vibrantes o espaço antes vazio. Marinheiros normandos trouxeram papagaios e araras, saguis, macacos e marmotas que se adaptaram ao novo ambiente com uma naturalidade e presciência estranhas ao homem. Longe estavam, pois, das ficções recriadas pelas centenas de homens "vestidos de inocência"[5] e da artificialidade que caracterizava a encenação do seu quotidiano. Foram construidas habitações rústicas com troncos grosseiros, folhas de palmeira e palhas que, características dos sertões brasileiros, não poderiam ser mais acolhedoras para receber a principal atração da festa. Cinquenta índios autênticos trazidos pelos marinheiros normandos juntaram-se a trezentos atores que com eles simulariam atividades quotidianas desenvolvidas num cenário que contemplava todo o tipo de ações, desde o descanso, às atividades lúdicas – como a dança e os jogos guerreiros –, a caça e o relato das mais recentes intervenções e acontecimentos, como as trocas comerciais (da madeira, por exemplo) e o simulacro de um combate entre os Tupinambás e os Tabajaras. O simbolismo desta simulação não ultrapassou, contudo, as fronteiras cénicas, ainda que os aliados dos portugueses, os Tabajaras, presenciassem por uma segunda vez o incêndio das suas fortalezas pelos Tupinambás, aliados

---

[3] *Idem, Ibidem*, p.8.
[4] *Idem, Ibidem*, p.13.
[5] Referência ao comentário de Cristóvão Colombo: "Lorsque Christophe Colombe débarqua pour la première fois sur les rives d'Hispaniola, et qu'il contempla cette foule émue qui le prenoit pour un dieu, il dit à ses compagnons: «Voyez, ils sont nus, mais ils sont vêtus d'innocence!»". *Ibidem*, p. 8.

A revelação do Brasil à Europa: *uma festa brasileira em Rouen* 55

dos franceses, que os expulsaram das suas terras. A propósito deste combate, o escritor anónimo revela que os cinquenta Tupinambás e os atores – que conviveram durante muito tempo com índios – se envolveram tão proximamente com as cenas recriadas, e que o simulacro da batalha foi tão verosímil, até pelo espetáculo visual do fogo, que a assistência ficou impressionada com o requinte e veracidade da reconstituição.

Como se lhes fosse exigida uma prova de adaptação a um ambiente estrangeiro, este "simulacro do natural" por parte dos ameríndios é, de facto, simbólico, não só porque proporcionou a autorecreação do índio enquanto ator da sua própria vida, encenando atos que lhe eram instintivos, mas também porque reinterpretou o novo mundo através do olhar de quem o desconhecia, num *mise-en-abîme* que reconstruía, em si, uma outra realidade alternativa à presente. Na verdade, a fascinação sentida pelos europeus contribuiu para uma das primeiras dialéticas do [(re)conhecimento] histórico entre as duas culturas. Em toda a pompa cenográfica, especialmente construída para acolher os chamados "selvagens", o papel da minoria dominada espoletou a curiosidade dos dominadores, catalizando-a como o principal elo da transformação de um meio civilizado que se esforçou por integrar, no seu estado o mais proximamente natural, aquilo que lhe era estranho. Porém, ainda que a versomilhança de tais encenações tenha impressionado a assistência, não seria ainda naquele momento histórico que a verdadeira essência da cultura brasileira seria divulgada. A intencionalidade do duplo simulacro da encenação (reinterpretação de ações fora do meio em que naturalmente costumavam ocorrer) impediu o verdadeiro contacto entre os povos e seus respectivos ambientes ainda que ambos estabelecessem uma dialéctica superficial e que se observassem mutuamente. Desta forma, embora os índios tivessem exercido um domínio cultural sobre os habitantes do velho mundo, a experiência desse deslumbramento não chegaria ainda para que a sua aceitação se concretizasse. Montaigne[**], muitas vezes citado por Denis como um dos mais importantes perscutadores da cultura índia, expressa incisivamente este paradoxo quando identifica a aculturação forçada como a principal causa da marginalização dos índios:

56 Cadernos de Literatura de Viagens

> Ils sont sauvages, de mesmes que nous appellons sauvages les fruicts que nature, de soy et de son progrez ordinaire, a produicts: là où, à la verité, ce sont ceux que nous avons alterez par nostre artifice et detournez l'ordre commun, que nous devrions appeller plutost sauvages. En ceux là sont vives et vigoureuses les vrayes, et plus utiles et naturelles vertus et proprietez, lesquelles nous avons abastardies en ceux-cy, et les avons seulement accommodées au plaisir de nostre goust corrompu.[6]

Os cinquenta índios que participaram na festa em Rouen não foram os únicos a pisar solo europeu. Denis vai ainda mencionar um dos episódios que tão bem retrata a cumplicidade que por vezes vingou entre europeus e índios: o de Diogo Álvares Corrêa, náufrago português que muito espantou os índios ao utilizar uma arma de fogo, ganhando o seu respeito e a alcunha de Caramuru ("pau que cospe fogo" ou "homem trovão da morte barulhenta"). Vivendo entre os Tupinambás, adotou os seus hábitos e costumes, casando-se com a filha do chefe da tribo – Paraguaçu. As boas relações dos Tupinambás com os normandos levaram o casal a França, em 1526, onde Paraguaçu foi batizada, recebendo o nome cristão de Catarina Álvares Paraguaçu. De regresso ao Brasil, Caramuru e Paraguaçu, revestidos de "une sorte de pouvoir souverain sur des tribus jusqu'alors indépendants"[7] cedem o território da Bahia aos portugueses, doação que vem mencionada no epitáfio do túmulo de Paraguaçu, que se encontra na Igreja de Nossa Senhora da Graça, na Baía, onde se pode ler:

> Sepultura de Catharina Álvares Paraguaçu, senhora que foi desta capitania da Bahia, a qual Ella e seu marido, Diogo Álvares Corrêa, natural de Vianna, derão aos Senhores Reis de Portugal. Edificou esta capela e a deu com as terras anexas ao patriarca de são B em o anno de 1582.

Pode dizer-se que o resultado de tão grandioso espetáculo foi o esperado pelos seus organizadores. Já no ano seguinte à festa, em

---

[6] Michel de Montaigne, "Des Cannibales", in Essais, texte établi et annoté par Albert Tibaudet, Paris, La Nouvelle Revue Française, 1939, p. 213. Curioso é ainda o paralelismo que Montaigne estabelece entre a relação colonizador/colonizado e homem/natureza: "Ce n'est pas raison que l'art que l'art gaigne le point d'honneur sur nostre grande et puissante mere nature. Nous avons tant rechargé la beauté et richesse de ses ouvrages par nos inventions, que nous l'avons du tout estouffée.", Idem, Ibidem.

[7] Ferdinand Denis, op cit., p. 17.

1551, o rei enviou uma expedição para cartografar o litoral brasileiro, autorizando a implementação de um entreposto comercial a fim de facilitar o comércio com os índios. Assim, em 1555, Villegagnon aporta na baía de Guanabara e aí funda a chamada França Antártica, projeto que durou apenas cinco anos devido à pronta reação dos portugueses, que daí os expulsou. Anos mais tarde, em 1610, a França voltaria a tentar estabelecer outra colónia no Brasil, a França Equinocial, dessa vez mais a norte, em São Luís do Maranhão, encontrando mais uma vez a forte oposição portuguesa.

Embora os franceses não conseguissem concretizar o seu projeto de estabelecimento no Brasil, as relações que mantiveram com os índios, o resultado dos estudos que homens como Jean de Léry e Claude d'Abbeville desenvolveram, ou os relatos de Yves d'Évreux e André Thevet, ainda hoje permanecem latentes entre as duas culturas, firmando a união entre esses dois povos tão estranhamente distintos, mas irremediavelmente ligados.

MUHURAIDA: ENTRE A FÉ E A LEI, PELA PACIFICAÇÃO DOS ÍNDIOS

TÂNIA PÊGO

Desde que os portugueses aportaram no Brasil e entraram em contacto com os seus habitantes naturais, os índios, que estes se tornaram um elemento de interesse para a fértil literatura que se produziu naquelas terras recém-conquistadas. Das descrições curiosas e entusiasmadas dos viajantes e exploradores à visão económica dos colonizadores ou a analítica e evangelizadora dos religiosos, o índio nunca deixou de ser objeto de escrita.

Pero Vaz de Caminha foi o primeiro a se referir aos índios na sua carta de achamento do Brasil. A partir daí não cessaram as obras de viajantes, aventureiros e missionários, em prosa, verso ou texto teatral, que a eles se referiam, quer descrevendo as suas características físicas e costumes, quer dando conta dos esforços dos missionários na sua evangelização.

Foi bastante difícil e turbulento todo o período da colonização. Resolvida que foi a questão maior se os índios eram ou não seres humanos, dirimida definitivamente pela Bula *Sublimis Deus* do Papa Paulo III em 1537, garantindo que os índios tinham alma e, portanto, sendo seres tão racionais quanto os espanhóis e os portugueses, com direito à sua liberdade, o grande entrave desde então foi combater os maus usos e abusos dos colonos e religiosos, numa tentativa de travar a exploração dos índios.

Esclarecidas as questões teológicas e jurídicas pela famosa junta de Valladolid e pelo magistério universitário de Francisco de Vitória, a pouco e pouco foram sendo ultrapassadas as questões de princípio relativas aos índios, transformadas agora em questões económicas e sociais. Conciliar a crescente disputa entre os religiosos e as autori-

60 Cadernos de Literatura de Viagens

dades governamentais pela custódia dos índios era uma necessidade premente, já que esta punha em risco os projetos de expansão da Coroa portuguesa.

É nesse contexto que, já no Século XVIII, em 1785, se destaca como uma via alternativa a opinião conciliatória de Henrique João Wilkens[1], que aposta na capacidade de paz e intercâmbio entre colonizadores, missionários e índios e põe em evidência os lucros advindos dessa união no poema celebrativo *Muhuraida ou O Triunfo da Fé na bem fundada Esperança da inteira Converção, e reconciliação da grande, e feróz Nação do Gentio Muhúra*[2], considerado o primeiro produzido na Amazónia que trata de um assunto histórico local. Pré-anunciando a eclosão do Romantismo, que fez do índio – corajoso, belo, forte, honesto – o herói nacional, a *Muhuraida* reforça as tentativas anteriores de Santa Rita Durão e Basílio da Gama de mostrar a bondade natural do índio, antecipando formas de convivência pacífica, como as defendidas pelo Marechal Rondon.

Apresentado como um poema heróico, é visível a preocupação do autor em ajustar a verdade dos factos ao modelo de construção da narrativa épica moderna. Procurando seguir os seus princípios essenciais, a ação vai reconstruir um episódio extraído das páginas da história amazonense: a recente pacificação e conversão dos belicosos índios Mura, ocorrida por volta do ano de 1784. Dessa forma, personagens e factos do poema, recriados das cenas de um quotidiano contemporâneo, carregam consigo uma dupla responsabilidade: a de informar e a de deleitar o leitor.

---

[1] Militar português, prestou serviço na Amazónia durante a segunda década do século XVIII. Em 1755 integrou a Comissão de Demarcação de Limites como Ajudante-Engenheiro. Participou na missão de descimento dos índios Marié em 1755. Em 1764 foi promovido a Capitão de Infantaria com o exercício de Engenheiro. Em 1777 integrou a nova comissão para demarcação das fronteiras entre Portugal e Espanha, assumindo a sua chefia em 1784. Em 1798 é destituído do seu cargo e em 1799 é deportado para o Mato-Grosso. Deixou diversas cartas, mapas e diários sobre as suas viagens na Amazónia. Escreveu ainda dois poemas gratulatórios, uma ode e um soneto em homenagem ao Bispo do Pará, D. Frei Caetano Brandão.

[2] Uma reprodução do manuscrito pode ser lida nos *Anais da Biblioteca Nacional do Rio de Janeiro*, vol. 109, 1989, pp. 79-275.

Muhuraida: entre a Fé e a Lei, pela pacificação dos Índios 61

Empenhado em legar à posteridade um claro e honesto retrato dos acontecimentos passados, Wilkens vai mostrar o índio Mura em toda a sua fereza e bestialidade, razão que os tornara um empecilho ao desenvolvimento da região do rio Madeira, e a transformação que este sofre ao aceitar a pacificação. Os seus versos vão estar, assim, marcados por um constante dualismo, que vai estar inicialmente presente, e de forma bastante evidenciada, na invocação do poema. Wilkens afasta-se das musas e das divindades pagãs, prática comum nas epopeias clássicas, e vai buscar inspiração na Luz, fonte de verdade e de salvação que esclarece as ideias e que indica o caminho mais certo e seguro:

> Mandai rayo da Luz, que communica
> A entendimento, acerto verdadeiro,
> Espirito da Páz! que vivifica
> A frouxa idea, e serve de roteiro
> No Pelago das Trévas em que fica
> O misero mortal, que em captiveiro
> Da Culpa, e da Ignorancia navegando
> Sem voz, he certo, incauto hir naufragando.
>
> Invoco aquella Luz, que diffundida
> Nos coraçoens; nas Almas obstinádas,
> Faz conhecer os erros; e a perdida
> Graça adquirir; ficar justificadas;
> A Luz resplandecente, appetecida
> Dos Justos; das Naçoens dezenganádas
> Da pompa; da vaidade do Inimigo,
> Que ao eterno condúz final perigo.

(Muhuraida, 1.º, [2])

A "Luz" em que Wilkens se apoia e a que recorre para lhe conceder a inspiração tanto pode estar a representar o Cristianismo, numa aberta homenagem à prática religiosa vigente, como ao Iluminismo, tendência dominante no século XVIII e da qual se pode encontrar alguns traços dentro do poema, como a simplicidade formal ou a integração entre a sociedade e a literatura.

É só muito mais adiante, no Canto 5.º, numa passagem que pode ser considerada como uma segunda Invocação, quando o poeta dirige-se à Deus para agradecer a sua intervenção na difícil pacificação dos Mura, que a força da fé é realçada:

> Oh Tu Supremo Author da Natureza!
> Que fundas na equidade o teu Juízo;
> Protector da innocencia indefféza;
> Que ao Insecto não faltas co'o precizo,
> Oh Tu! Que aos coraçoens, Alma e feréza,
> Illustras, e mitigas; No concizo,
> Prescripto espaço pondo os Elementos;
> De tudo regulando os Movimentos.
>
> Tu foste, que o feróz, barbaro peito,
> Do indomito Muhúra mitigando,
> Tão docil; tão contente, e satisfeito,
> Fizeste a Sociedade se hir chegando.
> Dos que te amando, co'o maior respeito,
> A Victima nas Aras immolando,
> Propiciatorio tem, no medianeiro,
> Páz, Alimento; Pai, Deos verdadeiro.

(Muhuraida, 5.º, [1 e 2])

A narrativa da *Muhuraida* gira em torno da pacificação e da conversão dos índios Mura, que, alheios às instituições políticas, sociais e económicas da civilização europeia, haviam se tornado um grande entrave ao desenvolvimento da região onde habitavam, dificultando a extração e o comércio das drogas do sertão. A ação decorre num espaço de tempo relativamente curto, cerca de cinquenta anos, período que compreende as três partes em que a narrativa se divide: antes, durante e após o processo de pacificação.

A primeira parte retrata o momento anterior à pacificação dos Mura, "Inconstante, e feroz, qual outro Scytha" (*Muhuraida*, 1º, [5]), que só é conseguida após várias décadas de esforços frustrados. Reunindo um grande número de informações sobre a situação precária que se vivia na Amazónia, Wilkens descreve pormenorizadamente a nefasta ameaça que pairava sobre os viajantes do rio Madeira e quão instável e aterradora era a relação entre os colonos, aldeados e os índios Mura, que viviam

Muhuraida: entre a Fé e a Lei, pela pacificação dos Índios 63

Espreitando
Nas margens lá do Rio, e Lagos fundos,
O incauto Navegante,

(*Muhuraida*, 1.º, [11])

Após uma descrição personificada da terra que aponta para as suas cobiçadas riquezas naturais, consideradas como o motivo do delírio que empurra os incautos para a morte, Wilkens destaca os diferentes interesses de duas culturas em choque:

> Compete o cabedal do novo Oceano,
> Co'as producçoens da terra preciózas,
> Servindo á Abição de util enganno,
> Valor e variedades prodigiózas,
> Uteis á Sociedade e tracto humano,
> A não serem colheitas perigózas,
> Que a liberdade, e vida tem custado,
> A muitos, que as havião frequentado.
>
> Entre Naçoens immensas, que habitando
> Estão a inculta Brenha; O Bosque; os Rios;
> Da doce liberdade disfructando
> Os bens; os provilegios, e os desvios
> Da sórdida avareza; e disprezando
> Projectos de Ambição, todos impíos,
> A barbara fereza; a ebriedade
> Associada se acha co'a crueldade.

(*Muhuraida*, 1.º, [7 e 8])

Num rodopio de atrocidades, rapinas, traições e sangue, Wilkens vai construindo a imagem dos Mura, que assolavam toda a região circundante ao rio Madeira. Não deixa ainda de referir a luta travada pelos viajantes na difícil penetração da terra e os constantes sobressaltos em que vivem os colonos face às cruéis investidas dessa *bárbara gente*:

> Algumas ha Naçoens, que as mais excedem
> No barabaro costume, e crueldade,
> Com que o esforço, e valentia medem,
> Repugnante á razão, á humanidade.
> Da invenenada flecha, que dispendem,
> A escolha pende da voracidade,

Com que o inerme peito acomettendo,
Da vida o privão, para o hir commendo.

(*Muhuraida*, 1.º, [10])

Wilkens descreve as várias e infrutíferas tentativas quer do Estado quer da Igreja para obter a pacificação dos Mura, indispensável para a exploração e o desenvolvimento económico da região. Refere também os métodos de integração praticados pelos colonos para a consolidação da redução dos índios:

Não se cançáva o Zelo, e a piedáde,
De meyos procurar mais adequádos,
A Conversão de tal Gentilidáde,

(*Muhuraida*, 2.º, [4])

Mil vézes reduzillos se intentáva,
Com dadivas, promessas, e Caricias;

(*Muhuraida*, 2.º, [5])

Dos Monárcas a innata piêdáde;
O desejo da Fé, ver propagáda,

(*Muhuraida*, 2.º, [8])

Salienta ainda a dificuldade de adaptação do índio aos costumes europeizados dos colonos e, consequentemente, em levar a bom termo o processo de catequese:

Mas sempre os lamentáva então frustrádos.
Mil vézes, co-o fervor da Caridáde,
Das Religioens os Filhos, animádos
Entre perigos mil, e amesma Morte,
Se esforçávão buscarlhes milhor sorte.

(*Muhuraida*, 2.º, [4])

Servindo-se de um artifício anteriormente usado no teatro de Gil Vicente ou no do Padre José de Anchieta, a segunda parte da *Muhuraida* vai ficar marcada pela aparição de um Anjo, emissário celeste que, servindo-se de um disfarce para se aproximar de um Mura, identifica as forças opositoras e faz renascer a esperança, dando início ao processo de pacificação:

Muhuraida: entre a Fé e a Lei, pela pacificação dos Índios 65

> Mas lá desde o Divino Consistorio,
> Do Eterno, Immutável, Sabio, Justo,
> Omnipotente Ser; Desse alto Imporio
> Desce velóz o Mensageiro Augusto;
>
> (*Muhuraida*, 2.º, [9])

> Entre elles, nos Apóstatas repara,
> Que a Fé; a Igreja; os Dogmas desprezando,
> Quaes aptos Emissários já prepára
> O Príncipe das Trevas; que inspirando
> Aos Barbaros, rancor, astúcia rára,
> Mais que elles infiéis, fossem guiando
>
> (*Muhuraida*, 2.º, [9])

A aparição do Anjo provoca um surpreendente efeito no jovem Mura, que se encontra sozinho e desprevenido. Aproveitando-se do momento de sobressalto e de desconcerto que sua aparição causa, o Anjo consegue fazer-se escutar. Recriminando o Mura por encontrar a terra improdutiva, inicia com ele um diálogo que abre caminho para uma nova etapa na relação do índio com o colono. No seu discurso, fica evidente o conceito setecentista que Igreja e Estado tinham sobre o caráter e a índole dos índios:

> Vejo, que o terréno,
> De fruttas; plantas, produçoens inculto,
> Coberto está de flechas; de instrumentos,
> Que indicão todos bellicosos intentos!
>
> (*Muhuraida*, 2.º, [12])

> Não te posso explicar, Irmão Amádo!
> De altos Misterios, maravilhas tantas;
> [...]
> De densas trévas inda estás cercádo;
> Das Cauzas naturaes inda te espantas;
> Tão debil he, tão fráca a Natureza,
> Que malograr faria a minha empréza!
>
> (*Muhuraida*, 3.º, [2])

O Anjo procura convencer o jovem Mura de que a pacificação fará com que o seu povo passe a fazer parte da comunidade católica e que a consequente aliança com o colono é o meio mais seguro e eficaz para livrar os Mura da desastrosa influência dos apóstatas e para

66 Cadernos de Literatura de Viagens

encontrar a paz junto do "Criador". O Anjo também faz referência aos proveitos que a nação Mura terá, resultantes dessa união:

> Tereis nos Pôvos vossos numerózos
> Abundantes Colheitas sazonádas;
> Vereis nos Portos vossos ventajózos
> Comercios florecer; e procurádas
> Serão as Armas vossas; Poderózos
> Enfim sereis; Amádos, invejádas
> Serão vossas venturas; finalmente,
> Podeis felices ser eternamente.

(*Muhuraida*, 3.º, [8])

O discurso do Anjo surte o efeito desejado. Convencido, o Mura jovem dirige-se ao seu povo, incitando-o a depor as armas:

> Levantai-vos! Parentes meus amados!
> Dispertai, de lethargo tão profundo!
> Olhai, que para empréza sois chamádos,
> Que nome vos dará, já em todo o Mundo.
> Temidos, atheagora, respeitados,
> So fômos em Dezertos, Bosque immundo.
> Mas já o destino quer, a nossa sorte,
> Que o Mundo todo admire ao Muhura forte.

(*Muhuraida*, 3.º, [11])

> Quem pode duvidar, que carecémos
> De tudo, que alcançamos na rapina?
> Expór-nos para a posse emfim devémos
> A mil perigos; morte; enteira ruina.
> Não he loucura, se isto ter podemos
> Sem susto, ou contingencia repentina,
> Que os meyos adoptémos arriscádos,
> Ter podendo os seguros, acertados?

(*Muhuraida*, 3º, [13])

Muito embora assuma uma posição francamente condenatória da atitude dos Mura, o compromisso de Wilkens com a exposição da verdade histórica – fator que condiciona o seu trabalho – leva-o a recuar no tempo, permitindo que seja apresentada a razão pela qual os Mura iniciaram a guerra contra os colonos e os índios aldeados. Para isso dá voz a um velho Mura, memória viva da história do seu povo, que resistindo à proposta de pacificação, relembra os agravos sofridos,

Muhuraida: entre a Fé e a Lei, pela pacificação dos Índios   67

tentando evitar a rendição da sua gente. O velho Mura, veículo que exterioriza a verdade vista pelo lado do índio, fala da traição que o seu povo sofreu, justificando, dessa forma, quer a violência generalizada que praticam contra os brancos, quer a rejeição à pacificação:

> Já não lembra o agrávo, a falsidáde,
> Que contra nos os Brancos maquinárão?
> Os Authóres não forão da crueldáde?
> Elles, que aos infelices a ensinárão?
> Debaixo de pretextos de Amizáde,
> Alguns mattando, outros maneatárão,
> Levando-os para hum triste Captiveiro,
> Sorte a mais infeliz, mal verdadeiro.
>
> Grilhões, Ferros, Algémas, Gargalheira,
> Açoutes, Fomes, Dezampáro, e Morte,
> Da ingratidão foi sempre a derradeira
> Retribuição, que teve a nossa sorte.
> Desse Madeira a exploração primeira,
> Impedio, por ventura, o Muhura forte?
> Suas Canoas vimos navegando,
> Diz; fômos, por ventura, os maltractando?
>
> (*Muhuraida*, 3.º, [17 e 18])

No entanto, o discurso do jovem Mura convertido, que incita o seu povo a executar uma nova empresa, realizando uma viagem até os aldeamentos cristãos em busca da obtenção de um tratado de paz, é mais convincente, já que está revestido da proteção divina, e a maior parte dos Mura adere ao projeto de paz. A viagem tem início:

> Não se repára em Sexo, ou qualidáde,
> Tudo embarcar pretende com porfia
> Nas Ubás não cabendo a quantidáde,
> Que aos mais associar-se já queria.
>
> (*Muhuraida*, 4.º, [4])

O entusiasmo e a expectativa dos Mura são grandes, principalmente quando avistam o porto e estabelecem o primeiro contato com os estarrecidos moradores da aldeia onde aportam, que se vem revelar amistoso. À pronta intervenção do diretor do Lugar de Santo Antonio do Imaripi, Mathias Fernandes, os Mura encontram um ambiente amigo e acolhedor. Sentindo que podem confiar nesse homem, prontificam-se a seguir esse novo guia:

Cadernos de Literatura de Viagens

A todos precedendo, vai primeiro
Mathias, já dos Muhras conhecido;
A quem por Director, e por guerreiro
Seguindo; respeitávão destemido.

(Muhuraida, 4.º, [8])

Na terceira e última parte da *Muhuraida*, aquela que se ocupa da consolidação da pacificação dos Mura, Wilkens agradece a Deus por essa dádiva, tida como motivo de grande regozijo para a Coroa lusa e de vitória para o Cristianismo:

Oh Tu Supremo Author da Natureza!
Que fundas na equidade o teu Juízo;
[...]
Tu foste, que o feróz, barbaro peito,
Do indómito Muhura mitigando,
Tão docil; tão contente, e satisfeito.
Fizeste a Sociedade se hir chegando.

(Muhuraida, 5.º, [1 e 2])

Wilkens não deixa de mencionar a integração dos Mura, que encontram entre os colonos um ambiente acolhedor e festivo, e mais uma vez frisa a vantagem que os índios virão a ter com essa união:

De gostos, que transportes! De allegria!
Não dáva ver vagando livremente,
O Muhra, pelas ruas, em que via
O Povo de admirádo, de contente,
Mil prôvas dando; de quanto vivia
Satisfeito, gostózo, e differente,
Do barbaro rancor, inveterádo,
Que foi da Ley de Christo, separádo.

(Muhuraida, 5.º, [6])

Contudo, a pacificação dos Mura não era um propósito geral. Servindo-se de uma alegoria para mostrar as tentativas das forças opositoras de desestabilizar a paz, Wilkens deixa subjacente uma crítica à sociedade exploradora e escravagista:

Outros, da Ley os boms, Santos Preceitos,
Qual insofrivel Jugo, lhes figurão;
Persuadem, que só certos são effeitos,
Das Maximas dos Brancos, que assegurão

Muhuraida: entre a Fé e a Lei, pela pacificação dos Índios   69

> Dominio universal; poder, respeitos,
> Na mesma Vassalagem, que lhes jurão;
> Que a chára espoza; Os filhos maneatádos
> Verão, quando estiverem descuidados.

(Muhuraida, 6.º, [10])

Apesar dos esforços contrários, as intenções dos Mura em aderir ao projeto de integração são confirmadas com a crescente chegada de novos Mura nos aldeamentos cristãos e com o batismo dos seus filhos. Renascem, assim, as esperanças de um convívio pacífico e lucrativo para ambos os lados e é dado mais um passo para a vitória do projeto de pacificação, redução e conversão dos índios da Amazónia:

> Soberbo o Japurá, vé no seu seyo
> As agoas do Amaná, Lago famózo,
> Vertendo Cristalina, que de enleyo
> Serve ao Muhura, e Fernandes valerózo,
> Em quanto em suas Margens busca o meyo
> De eternizar-se; De fazer ditózo
> Na Fé; na sogeição; ao Muhra forte;
> Aos outros se destina milhor sorte.

(Muhuraida, 5.º, [16])

O próprio assunto do texto é, assim, objeto de alguma polémica, já que o agente e os motivos da pacificação e redução dos índios Mura não estão bem definidos. Estabelecer o herói dentro da complexa estrutura ideológica da *Muhuraida* põe-nos diante de uma grande interrogação – quem é o herói? Quem conseguiu transformar o "feróz, indomável"[3] gentio Mura num índio "Tão docil; tão contente, e satisfeito"[4]?

A ação de pacificação e de conversão dos índios Mura ora é vista como um milagre, fruto da providencial intervenção divina manifestada através da figura de um Anjo, ora é atribuída aos pressurosos esforços dos agentes do Reino, ora é entendida como resultado da vontade dos próprios Mura. Apresenta, portanto, mais de uma figura que se destaca no papel promotor dessa transformação, o de herói na terminologia literária, já que há que se ter presente que a *Muhuraida* é um poema que conjuga história com poética.

---

[3] João Henrique Wilkens, *Muhuraida ou o Triunfo da Fé*, 1785, Prólogo, p. 91.
[4] *Op. cit.*, Canto 5.º, [2].

Três são, portanto, as figuras que partilham o papel de herói dentro do poema. O primeiro é um "Anjo humanado", emissário de Deus que, servindo-se de um disfarce, sopra no ouvido do jovem Mura, sensibilizando-o, humanizando-o e mudando a sua conceção sobre o homem branco:

> Em zélo, e Caridáde então ardendo;
> No amor do seu Senhor todo abrazádo,
> O Embaichador Celeste removendo
> As trévas vai; e todo transformado,
> Na aprencia igual, aos que está vendo;
> Se chega mansamente, ao que encostado
> Em Arco informe, aguda flecha aponta,
> So mortes meditando, estrágo aprompta.

> (*Muhuraida*, 2.º, [11])

> E para que conheças a verdáde
> De tudo, que eu relato, vai correndo,
> Vai logo; Ajunta os teus, com brevidade,
> Veras, se he certo, o que te estou dizendo;

> (*Muhuraida*, 3.º, [5])

O segundo herói é um Mura jovem, que se deixa seduzir pelo Anjo e que incita o seu povo a desarmar-se e a estabelecer a paz com os colonos:

> Vinde, lhes diz o Muhura, Oh Companheiros!
> Que duvidais ainda irresolutos?
> Por ventúra serémos os primeiros?
> Entre os mais, só discretos; mais astutos?
> Por ser verdáde hum facto; verdadeiros
> Todos serão? Ah! não se imite os Brutos!
> Sempre ostentaes valor, em toda empréza,
> Valor se ostente nesta, com firméza.

> (*Muhuraida*, 3.º, [11])

O terceiro herói é Mathias Fernandes, agente local do Governo português, que atua diretamente no terreno do conflito:

> Eu sei, que agrávos tendes na lembrança,
> Feitos por quem, so engannos meditáva,
> Nos Homens, como em Tempos, há mudança;
> A offença, o Sangue derramádo láva.

Desafrontádo o Muhura agora alcança
A Páz, que elle; Que o Rey; que eu desejáva.
Sereis nossos Irmãos; Filhos da Igréja;
Concidadãos, Amigos; do Orbe invéja.

(*Muhuraida*, 4.º, [8])

Se considerarmos que a personagem heróica da *Muhuraida* é aquela que consegue o milagre da redenção de um povo temido por sua ferocidade e selvajaria, torna-se impossível analisar a atuação de cada um dos três elementos separadamente. Mathias Fernandes não teria conseguido o intento do Governo português sem a intervenção do Anjo sobre o jovem Mura e deste sobre o seu povo. A heroicidade, aqui, não se resume à ação isolada de um indivíduo dotado de capacidades superiores. Três são os elementos que se cruzam e interagem, construindo, verso a verso, o conjunto de ações grandiosas que conduzem à realização de um feito valoroso, ditado pelo espírito épico e perpetuado pela história nacional.

A trilogia, no plano narrativo da *Muhuraida*, retoma o espírito da épica religiosa e destaca o maravilhoso cristão ao introduzir a figura do Anjo como interveniente nas ações humanas, remetendo à Trindade formada pelo Pai-Filho-Espírito Santo. Sob essa óptica, concebemos a figura de Mathias Fernandes, na qualidade de agente do Governo e representante da força e da soberania do colonizador, como uma representação simbólica do Criador – o Pai. O jovem Mura, que se converte e espalha a mensagem de Deus entre o seu povo, é o Filho. E o Anjo, instrumento da redenção, mensageiro que anuncia os milagres e as intenções de Deus e que zela pela paz entre os homens, é o Espírito Santo.

As três presenças heróicas – a força militar, que atuava na região, protegida pela lei do Directório do Índios, o poder da fé, fruto do incansável e incessante trabalho dos missionários das diferentes Ordens Religiosas, e as necessidades do próprio Mura – revelam um conflito político-ideológico resultante da aplicação da política indigenista oficial e da preservação do domínio religioso na esfera da questão indígena, que deixa vislumbrar as contradições da sua aplicação local, assim como a necessidade premente de reformas administrativas que revissem tanto a questão das fronteiras e da exploração da colónia quanto a questão do índio.

Tais contradições encontram reforço no tratamento que Wilkens dá ao índio, outra questão marcada pelo dualismo. Do selvagem irracional, retrato de uma bestialidade demoníaca, os Mura transformam-se em criaturas dóceis, dispostas a aceitar a sua assimilação no projeto desenvolvimentista de colonização. O processo de transformação deixa transparecer a opressão sofrida pelos Mura nas mãos do poder colonial português, que num determinado momento da narrativa assume o papel de antagonista. É esse mesmo poder opressor que se dá conta da necessidade de procurar novos meios para ganhar um aliado no combate às forças inimigas, representadas, naquela região, pelos espanhóis e pelos índios ainda não pacificados.

Parece correto afirmar que os discursos e as ações do Anjo e do Mura jovem, assim como a intervenção de Mathias Fernandes, concorrem não só para defender os índios da cobiça e abusos dos colonos nos aldeamentos, mas também para defender os interesses da Coroa portuguesa na região amazónica – justificado pelas inúmeras possibilidades de obtenção de riquezas naturais e também pelo domínio territorial na disputa com a Espanha pela delimitação de fronteiras. Tais interesses estiveram na origem da necessidade de controlar essas terras. Esse controle passava sobretudo pela fixação do gentio em aldeias, fosse através do projeto de catequese, fosse pelo uso da força repressora, como se pode verificar através da leitura do fragmento extraído da *Illustração necessaria*[5], escrita por um anónimo em 1826:

> matando-lhes os seus melhores Indios pescadores, e Brancos lavradores, com tal destreza, e velocidade de raio, que obrigou aos Governadores daquella Capitania, para lhes sofrear a audacia, mandallos atacar annualmente pelas Tropas Auxiliares da Capitania nos mesmos lugares do seu domicilio [...] sem contudo desistirem da sua animosidade"

Por outro lado, o processo de reflexão do índio sobre suas ações coloca-o diante de toda a sua atrocidade bestial no confronto com a colonização, despertando-lhe o desejo pela civilização e redenção.

---

[5] *Illustração necessaria, e interessante, relativa ao gentio da nação Mura; habitador dos rios Madeira, Trombeta, Guatazes, Codajares, Purús, Maniá; Coari, Paruaçu, Copaca, na Capitania do rio negro, feita por hum anonimo em 1826.* As páginas do manuscrito não se encontram numeradas. A citação foi extraída da folha 3.

Muhuraida: entre a Fé e a Lei, pela pacificação dos Índios 73

Esse episódio retrata o efeito da religiosidade sobre o coração humano – é o ser primitivo, irracional, animalizado que se humaniza através da fé, trazida pela civilização ocidental.

Nesse ponto da narrativa, a teoria rousseauniana do 'bom selvagem', que fundamenta a futura produção romântica, encontra berço, elevando o texto de Wilkens ao mesmo nível dos seus predecessores *O Uraguai*, de Basílio da Gama (1769), e *Caramuru*, de Santa Rita Durão (1781), que também defendem, à sua maneira, a inocência e o direito natural dos índios. Toda a ferocidade dos índios da *Muhuraida* é fruto da adversidade do colonizador, que se apropria da sua terra e abusa da sua confiança. O homem branco é que os transforma em fera, corrompendo-os. Longe desse contato impuro, o índio é apenas um silvícola e, como tal, primitivo, harmonizado com os elementos naturais e servindo-se do seu instinto de preservação. Ao mover-se no seu habitat natural, o 'bom selvagem' humaniza-se, sendo capaz de ouvir a voz divina e, por isso, torna-se superior ao homem branco pela pureza de espírito.

O poder da fé não é, assim, algo para ser colocado em segundo plano dentro da narrativa. Ela se sobrepõe até mesmo à voz da experiência. O diálogo do Mura jovem com o Mura velho retrata, com grande eficácia, a força da religiosidade. Como um jogo entre a razão e a emoção, o velho tenta, inutilmente, chamar à consciência o jovem Mura, alertando-o para a falsidade e traição do homem branco. Contudo, a fé penetrou no coração do jovem índio que, humanizado, traz agora o espírito aberto, limpo, puro, pronto para perdoar o passado e acreditar num futuro de paz, onde brancos e índios possam conviver em harmonia, dividindo o mesmo território, numa proposta de unificação.

E é esse Mura convertido pelo poder do Espírito Santo – o novo Mura –, que consegue conduzir o seu povo à redenção. E como uma parábola bíblica, é o Filho que vem aos homens para 'tirar os pecados do mundo', constituindo o elemento intermédio do processo de pacificação, que se faz através da redenção espiritual. Para consolidar esse processo é necessário um elemento que guie os recém-convertidos pelos caminhos da Luz. Esse guia é o Pai que, através da sua autoridade e do respeito que impõe, evita que as suas ovelhas se desgarrem.

Nessa leitura, deve-se à religião católica e às leis do Estado os louros da vitória, sendo o resultado dessa comunhão o início, o meio e o fim do processo. Através da religiosidade e da autoridade, Mathias Fernandes consegue firmar a paz entre os dois povos. Temos, então, a presença ativa e valorosa de três elementos que, entrelaçando-se, complementam-se, tornam-se 'uno', configurando a imagem do herói que, dotado de um exemplar sentido de oportunidade e conveniência, concilia forças com o próprio inimigo para conquistar o equilíbrio necessário à preservação da paz.

Não se pode negar que a simplicidade estrutural e uma certa objetividade e brevidade descritivas condicionam a narrativa do poema. Tal simplicidade formal tem como objetivo manter o equilíbrio entre razão-emoção, preservando a verdade da narrativa. Assim, a ausência de descrição de um combate físico ao longo do poema, apontado como um dos fatores que restringem a sua característica épica, não é de todo relevante, já que faz todo o sentido que o poeta não o introduza, uma vez que parece ser sua intenção destacar o estado quase animalesco e a irracionalidade dos índios Mura, sem, contudo, despertar demasiada atenção para a inadequação dos colonos portugueses, quer ao meio, quer à forma de conduzir a sua relação com o indígena. As admiráveis qualidades guerreiras dos índios são realçadas não como um elogio à sua figura, mas para lembrar a falta que tão formidável exército faz nas colunas portuguesas.

A omissão dos confrontos bélicos vai dar oportunidade para que se desenvolva um outro tipo de combate, não menos intenso, que se desenvolve no plano psicológico. É a força da palavra que tem supremacia no poema. O emprego de arma tão insólita, que se apoia na astúcia e no respeito imposto pela fama adquirida, descortina um mundo civilizado, que se apresenta através de três heróis racionais que pensam e ponderam, encontrando a ordem dentro do seu mundo natural e reintegrando os valores humanos.

A *Muhuraida*, longe de ser uma narrativa idealizada que promova a evasão da realidade, transforma-a em extrato de ficção, como clamava o "homem setecentista, interessado por aspectos exóticos e desconhecidos da realidade humana e física"[6], encaixando-se perfeitamente

---

[6] Frei José de Santa Rita Durão, *Caramuru*, Rio de Janeiro, Agir, 1957, p. 11.

num dos lemas da filosofia do 'Século das Luzes', *inutilia truncat*, que visava eliminar o rebuscamento das formas, a subjetividade temática e a extravagância característicos do Barroco, submetendo a poesia ao império da razão.

Seguindo os modelos antigos, inclusive renascentistas, Wilkens mantém um equilíbrio entre a razão e o sentimento, a realidade e a fantasia, a informação e a invenção, ao construir a história da batalha pela pacificação dos gentios Mura, numa simplicidade próxima da objetividade do mundo burguês.

Assim, não parece despropositado dizer que se percebe na *Muhuraida* a presença de um espírito nacionalista. É evidente que não se trata de um nacionalismo resultante do espírito nativista que começava a desabrochar em várias regiões do Brasil, relacionado com os movimentos de insurreição, como o da Inconfidência Mineira, e de independência, e que mais tarde se consolidaria nas produções do Romantismo. O nacionalismo de que falamos está condicionado ao meio ao qual o autor da *Muhuraida* está veiculado, ou seja, a uma vivência passada ao serviço do Estado, numa região inóspita, cuja integridade territorial era preciso defender dos avanços espanhóis e da rebeldia de algumas tribos menos cooperantes. As intenções políticas, naquele momento e naquela região, não são, portanto, de independência, mas sim de preservação e de manutenção da unidade político-administrativa vigente.

Ao reunir em suas páginas a verosimilhança e o maravilhoso cristão, a *Muhuraida* revela uma reflexão sobre os problemas locais, refletindo o espírito da literatura ilustrada. É o Brasil selvagem e primitivo que se vai desenhando nos versos de um militar que participou de forma direta na história da pacificação dos índios Mura e que, por essa razão, garante ao texto, valioso achado da Literatura Brasileira, a sua legitimidade histórica. A *Muhuraida*, além de dar um precioso contributo para a reconstrução de uma página da História Amazonense, também revela um certo sentimento patriótico, sustentado por uma velada denúncia dos abusos cometidos pelos colonizadores e missionários contra os índios.

Servindo-se do rigor histórico que está presente em todo o poema, Wilkens confronta o leitor com a triste questão do índio. A *Muhuraida* não trata o índio de forma idealizada, quase europeizada, como os que se vê em *O Uraguai* e *Caramuru*. O índio da *Muhuraida* é autêntico, quer na sua selvajaria – ao enfrentar o português, que em muitas ocasiões se revelou um invasor furtivo, traiçoeiro e predador –, quer na sua inocência – quando acredita na mudança de intenções desse mesmo português e que uma aliança com os colonos só lhe trará vantagens. Percebe-se, assim, uma velada preocupação do autor em fazer a denúncia da exploração e do massacre dos índios – processo desencadeado pelos colonizadores –, e da sua aculturação, manipulada pelos missionários. Disputado pela Igreja e pelo Estado, o índio perdeu a sua identidade natural e é agora um esboço, um fantasma que pouco tem a ver com aquele que Pedro Álvares Cabral um dia encontrou quando aportou na "Ilha de Vera Cruz" – o Brasil.

A ICONOGRAFIA DO ÍNDIO
NA REAL LIVRARIA DE MAFRA

Isabel Yglesias de Oliveira[*]

A chegada dos europeus à América provocou uma alteração na forma de entender o mundo.

A emergência de um espaço físico real, confirmado pelos roteiros e cartas náuticas, veio provocar uma alteração profunda na própria concepção do cosmos, que se processa em correspondência com a própria mudança da estrutura do espaço sagrado.

Este espaço desconhecido é entendido como um espaço profano, um mundo que não tem uma existência completamente real, impossível de ser habitado pelo ser humano, mas povoado de seres fabulosos que terão de ser entendidos/submetidos para que se possa realizar a ordenação do caos e sacralização do novo espaço.

As representações do índio que aparecem nos livros da Real Biblioteca de Mafra refletem simultaneamente a tradição do bestiário medieval e a realidade que os diversos autores vão observando.

Assim, as primeiras gravuras figurando os selvagens, e aparentemente executadas apenas através do "ouvir contar", pretendem descrever os costumes com algum rigor mas refletem uma forte influência do imaginário medieval, como na gravura da árvore de *Choine* que lembra as representações de Adão e Eva junto da árvore do Paraíso.

Uma das obras mais antigas com referências ao Novo Mundo existente nesta Biblioteca é uma versão francesa da obra *La Cosmographie Universelle,* de Sebastien Münster, publicada pela primeira vez em alemão no ano de 1521, e que foi traduzida em várias línguas, tendo mais de 24 edições alemãs em menos de um século.

---

[*] Técnica Superior do Palácio Nacional de Mafra.

78   Cadernos de Literatura de Viagens

Um dos pontos de maior interesse desta obra é a iconografia do *selvagem,* que reflete a forma como um europeu adapta aquilo que ouve contar ao seu próprio código de representação mental.

Assim, dois *mangeurs de chairs humaines* do Brasil são retratados, nus, junto a uma banca de madeira onde, com um enorme facão de talhante, decepam um corpo humano como fariam com um animal num talho. Numa outra gravura, outro *canibale,* envergando um traje europeu, assa num espeto, como se de um boi se tratasse, um inimigo capturado.

Os sucessivos relatos dos viajantes vão enriquecer o mito do "bom selvagem" que vive de acordo com as leis da natureza, que não precisa de se vestir, que não precisa de bens próprios porque tudo pertence à comunidade que a todos dá o necessário, etc.

Estes "bons selvagens" são o reflexo de uma certa forma de olhar para o "outro" que conjuga o interesse crescente pelo "diferente" com os códigos de representação da época, ainda muito presos às fontes clássicas.

Exemplo disso é a obra de André Thévet, *La Cosmographie Universelle* pubicada em Paris, em 1575, em que o autor hesita entre uma imagem dos nativos de uma ferocidade quase bestial e o reconhecimento de alguma bondade natural que lhes advém de um certo sentido do divino, dizendo a este propósito:

> seulement vous entendrez, qu'ils ne sont pas si barbares, qu'ils n'ayent quelque opinion de divinité, qui les aye esmeuz a penser & semblent plus approcher de la verité, que ne faisoient jadis plusieurs, qui entre les Grecs, vouloient porter tiltre de sages & sçavans.

Esta comparação com os gregos antigos será uma das constantes na maior parte dos autores que irão estudar as populações do Novo Mundo e terá reflexos nas primeiras representações iconográficas dos índios, com desenhos muito influenciados pela antiguidade clássica e pela escola italiana, quer nas proporções e quer nas atitudes dos corpos.

As tábuas de Thévet manter-se-ão como uma das fontes a que, durante quase dois séculos, os editores irão buscar as ilustrações para as suas edições.

Nas obras posteriores, mesmo quando as estampas passam a ser fruto de observação direta e constituem um riquíssimo documento sobre a geografia e a toponímia brasileiras, como é o caso da *Rerum Octenniitm in Brasiliae Gestarum* de Gaspard Barleus, datada de 1647, as figuras indígenas representadas mantêm esse carácter clássico na forma como são desenhadas.

O modelo vai manter-se até meados do século XVIII, como podemos ver nas imagens da *Galerie Agreable du Monde*, coleção de 33 volumes, publicada entre 1690 e 1729, e representando todo o mundo conhecido. Os dois últimos volumes, tomos 63 a 65, são dedicados à América, contendendo o último unicamente gravuras do Brasil.

O editor, Peter Vander Aa, deu-lhe o nome de *La Galerie* porque nela se vê, tal como numa galeria cheia de quadros, os mapas dos principais Impérios, Reinos, Repúblicas, Províncias e Cidades, bem como os costumes dos diferentes povos do mundo.

Sendo um importante documento iconográfico sobre o Novo Mundo, ao mostrar cidades, monumentos importantes, hábitos, usos e costumes com grande detalhe, a representação humana que aqui surge continua a seguir os padrões e as proporções clássicas.

Poderiam ser figuras clássicas inseridas em ambientes tropicais.

Será já na transição do século XVIII para o XIX que o interesse pelo estudo dos diferentes tipos morfológicos humanos levará a que se procurem fazer verdadeiros retratos, acentuando as suas características físicas, o que levará, por vezes, quase a caricaturas.

Ex-voto que Nossa Senhora do Vale fez a Luís Coelho Furtado em 1747 quando foi atacado por índios (Penafiel, Ermida de Nossa Senhora do Vale).

Gravura da obra de Bartolomé de Las Casas,
Brevísima Relación de la Destrucción de las Indias.

Porm. da Carta cartográfica de W. e J. Blaeu, *Novus Brasiliae*, Amsterdam, 1635.

Pormenor de um mapa do Brasil pelo Capitão Luís Albuquerque de Melo Pereira e Cáceres, Capitão-Geral de Mato Grosso, 1778.

Anjo tocheiro da Igreja de N.ª S.ª do Carmo de Cachoeira, Minas Gerais, 1.ª metade do séc. XVIII.

Dança Tarairu, aguarela da autoria de Zacherias Wagener, 1614-1668 (pormenor). Aguarela de *Thier Buch*. Dresden, Kupferstich-Kabinett.

Honorius Philoponus, *Nova Typis Transacta Navigatio*, s.l., 1621.

Historia Naturalis Brasiliae, Amsterdam, 1648.

(1)

DIRECTORIO,

QUE SE DEVE OBSERVAR NAS
Povoaçoens dos Indios do Pará, e Maranhaõ
em quanto Sua Mageſtade naõ mandar o
contrario.

SENDO Sua Mageſtade ſervido pelo Alvará com força de Ley de 7 de
Junho de 1755. abolir a adminiſ-
traçaõ Temporal, que os Regulares
exercitavaõ nos Indios das Aldeas
deſte Eſtado; mandando-as governar pelos ſeus reſpectivos Principáes,
como eſtes pela laſtimoſa ruſticida-
de, e ignorancia, com que até ago-
ra foraõ educados, naõ tenhaõ a neceſſaria aptidaõ, que ſe requer para o Governo, ſem que haja quem os poſſa dirigir, propondo-lhes naõ ſó os meios da civilidade, mas da conveniencia, e perſuadindo-lhes os proprios dictames da racionalidade,
de que viviaõ privados, para que o referido Alvará tenha a ſua
devida execuçaõ, e ſe verifiquem as Reaes, e piíſſimas intençoens do dito Senhor, haverá em cada huma das ſobreditas
Povoaçoens, em quanto os Indios naõ tiverem capacidade para ſe governarem, hum Director, que nomeará o Governador,
e Capitaõ General do Eſtado, o qual deve ſer dotado de bons
coſtumes, zelo, prudencia, verdade, ſciencia da lingua, e
de todos os mais requiſitos neceſſarios para poder dirigir com
acerto os referidos Indios debaixo das ordens, e determinações
ſeguintes, que inviolavelmente ſe obſervaráõ em quanto Sua
Mageſtade o houver aſſim por bem, e naõ mandar o contrario.

2   Havendo o dito Senhor declarado no mencionado
Alvará, que os Indios exiſtentes nas Aldeas, que paſſarem a
ſer Villas, ſejaõ governados no Temporal pelos Juizes Ordinarios, Vereadores, e mais Officiáes de Juſtiça; e das Aldeas

A   inde-

Alvará estabelecendo que os índios de Pará e Maranhão
sejam governados no temporal por governadores, e principais e justiças
seculares (...), 7 de Junho de 1755. Lisboa, Biblioteca Nacional.

II PARTE

LEITURAS RECOMENDADAS

a) Textos teológicos e pontifícios

"GUERRA JUSTA"

São Tomás de Aquino

(N. 1225 – M. 1274) São Tomás de Aquino foi cognominado *Doctor Communis* ou *Doctor Angelicus* pela Igreja Católica. A sua verdadeira intervenção na Escolástica deu-se a partir de 1256 quando, chegado a Paris como Professor de Teologia, se vê envolvido numa polémica que já anos antes havia dividido os doutores eclesiásticos: a introdução da filosofia aristotélica nos estudos teológicos. Por aliar as doutrinas aristotélicas com as cristãs, o Aristotelismo lido por Arrevois foi diversas vezes proibido. Começou, porém, a ganhar cada vez mais terreno por entre os intelectuais escolásticos não só devido à sua transgressão ideológica, mas também à sua excelência que destronava a insuficiência prática da doutrina agostiniana. O conhecimento da escola peripatética de Aristóteles permitiu a S. Tomás desenvolver inovações ideológicas como a simbiose entre as potencialidades argumentativas da filosofia e da teologia. Cristianizando esta poderosa filosofia clássica, S. Tomás desmistificou a predisposição herética do Aristotelismo ao converter a sua essência numa existência católica, justificando, desta forma, a doutrina da fé cristã com a Razão. Pelo seu trabalho que associava metafísica, moral e política às teorias aristotélicas, S. Tomás foi reconhecido e admirado pelos escolásticos, ainda que continuasse a encontrar fortes oponentes, como os seguidores da doutrina agostiniana.

A *Suma Teológica* foi concebida como um resumo completo de todas as problemáticas cristãs abordadas até à data. A Moral, a Ética e a Política são os tópicos que mais se destacam nesta obra. No capítulo concernente à Justiça, as questões relativas à "guerra justa" são abordadas segundo a dialéctica teológico-clássica. As três razões que, segundo S. Tomás, impossibilitam a injustiça guerreira (a autoridade do Príncipe, uma causa justa e as intenções puras dos combatentes) tornam, por outro lado, a moral cristã permeável a flutuações éticas que permitem ajustar a doutrina teológica aos interesses pessoais dos governadores. O mesmo acontece no artigo dedicado ao Direito, em que o direito natural de gentes corresponde, segundo a racionalidade Aristotélica, ao que antes já havia sido predestinado pela natureza: que a subserviência é algo de natural se se considerar que há homens para mandar e outros para servir, por ser "útil a um indivíduo ser dirigido por outro mais sábio, e a este ser ajudado por aquele".

Obras principais: *Summa contra Gentiles* (1260-1261); *Summa Theologiae* (1265-1274).

"QUESTÃO 40

Sobre a *Guerra Justa*

(2.2 q. 40. 1)

Artigo 1

Ad primum. *É sempre pecado fazer a guerra?*

Objeção. Será pecado fazer sempre a guerra?

1. Ad primum sic proceditur. Não se inflige uma pena se não se tiver pecado. A quem luta, o Senhor atribuirá uma penalização: "Todo aquele que empunhar uma espada, esta perecerá". Logo, nenhuma guerra é justa.

2. Peca quem contraria um mandamento divino. Guerrear não é exceção, pois foi dito: "E eu vos digo: não resistais ao mal", e o Apóstolo: "Caríssimos, não vos defendereis sem dar lugar à ira de Deus". Portanto, guerrear é sempre pecado.

3. Só o pecado contradiz a ação virtuosa. A guerra contradiz a paz. Portanto, a guerra é sempre pecado.

4. É lícita a prática em coisa lícita, como é isto evidente na prática das ciências. Os exercícios bélicos dos torneios são proibidos pela Igreja, pelo que ela recusa a sepultura eclesiástica aos que morrem em tais exercícios. Desta maneira, a guerra parece ser absolutamente pecaminosa.

Sed contra. Disse Santo Agostinho: "Se a doutrina cristã recrimina todas as guerras, o conselho mais saudável para aqueles que seguem o Evangelho será que abandonem as armas e as milícias. Foi-lhes dito: não farás mal a ninguém; que vos baste o vosso salário. Quem lhes exigiu que se bastassem com o seu próprio salário, não lhes proibiu, contudo, de lutar."

Respondeo. São necessárias três coisas para que uma guerra seja justa. Primeira, a autoridade do Príncipe, sob cujo mandato se fará a guerra. Não pertence a um indivíduo privado declarar guerra, porque poderá ter que se justificar perante o julgamento do seu superior. Da mesma maneira, tampouco cabe ao indivíduo convocar a multidão como se faz nas guerras, pois isso não é da sua competência privada. Uma vez que, estando a república confiada ao cuidado dos príncipes, cabe-lhes defender o interesse público da cidade, do reino e das províncias, tal como lhes cabe defendê-la licitamente com a espada física contra os perturbadores internos, castigando os malfeitores. Já que "não é sem razão que usa a espada, pois, na verdade, é ministro de Deus, castigador daquele que faz o mal". Assim também lhe pertence defendê-la de inimigos externos com a sua espada de guerra. Por isto, se recomenda aos príncipes no Salmo 81.4: "Livra o pobre e o desamparado das mãos do pecador". Disse igualmente Santo Agostinho (*Contra Faustum*): "De acordo com a paz dos mortais, a ordem natural postula que a autoridade e a deliberação de aceitar a guerra esteja no príncipe."

Secundo. Requer-se uma causa justa. A saber, que quem é acusado merece, por alguma culpa, essa impugnação. Por isso, disse Santo Agostinho: "Costumam definir-se como guerras justas as que vingam injúrias. Deve ser castigado o povo ou a cidade que negligencie vingar aquilo que foi inadvertidamente praticado pelos seus ou em restabelecer aquilo que foi perdido pela injúria."

Tertio. Requer-se que as intenções dos combatentes sejam retas: que se intente e fomente o bem ou que se evite o mal. Sobre isto, disse Santo Agostinho (*De Sermone Domine in Monte*) que: "As mesmas guerras são pacíficas para os verdadeiros adoradores de Deus, pois é o desejo de paz que os move, não a cobiça ou a crueldade, para que os maus sejam refreados e os bons favorecidos". Pode acontecer que, sendo legítima a autoridade que declara a guerra e a causa justa, esta pode, no entanto, tornar-se ilícita se previamente intentada. Disse Santo Agostinho: "O desejo de magoar, a crueldade da vingança, o ânimo descuidado e implacável, a ferocidade guerreira, a paixão de domínio, etc., são características justamente puníveis nas guerras."

Ad tertium. Os que desencadeiam guerras justas também desejam a paz. Desta forma, contrariam as más guerras que "o Senhor não vem trazer à terra". Por isso, Santo Agostinho afirma: "Não se procura a paz para se desencadear a guerra, a não ser que esta seja pretendida. Assim, sê pacífico a combater, de maneira que invoques a paz profícua, vencendo, desta forma, quem combates."

Os exercícios militares não são totalmente proibidos, excetuando os excessivos e os perigosos que conduzem a mortes e extorsões. Entre os antigos, tais práticas não acarretavam esses perigos, sendo muitas vezes apelidadas de "simulações de armas" ou "guerras não sanguinárias", como se pode verificar em São Jerónimo, em certa epístola.

Artigo 2

Ad secundum. *Vejamos se os clérigos e bispos podem combater.*

1. Em conformidade com o que foi dito, as guerras são lícitas e justas se defenderem dos inimigos os pobres e toda a república. Se se tiver em conta o que disse (a. 1) São Gregório em certa homilia: "cada vez que um lobo se passa por uma ovelha, existe um injusto raptor que oprime os fiéis. Que parecia pastor e não o era, abandona as ovelhas e foge, porque, ao temer o perigo, não procura expiar a sua injustiça". Logo, é lícito aos bispos e clérigos guerrear.

....

2. Ad secundum. Os prelados e os clérigos podem auxiliar nas guerras com a autorização do seu superior, não para lutar, mas para socorrer espiritualmente com as suas exortações, absolvições e demais auxílios espirituais a quem combate justamente, tal como se determinava na lei que os sacerdotes tocassem as trombetas antes dos combates. Foram estas as razões que permitiram aos bispos e aos clérigos irem à guerra. Porém, será licenciosidade considerar que podem lutar.

3. Ad tertium. Porém, falta ainda acrescentar que toda potência, arte ou virtude escatológica, pode encerrar em si o catalisador que os direcionarão ao seu fim. As guerras materiais do povo fiel, hão de aspirar, finalmente, a um bem espiritual divino, de que são os clérigos representantes. Desta forma, são eles quem devem induzir os demais a combater em guerras justas. Não se lhes pode proibir de combater não porque seria pecado, mas sim porque que tal prática é indecorosa para com a sua imagem.

....

QUESTÃO 57

(2.2 q. 57. 2)

Sobre o Direito

ARTIGO 2

Se o Direito se divide adequadamente em direito natural e direito positivo.

Ad secundum. É de supor que o direito não se divide adequadamente em direito natural e direito positivo.

O que é natural é imutável e igual para todos. No entanto, esta máxima não se encontra por entre as coisas humanas, nem nada que se assemelhe, uma vez que todas as normas do direito humano tratam apenas de casos particulares e não contemplam a generalidade de todas as partes. Logo, o direito natural não existe.

2. Além disso, considera-se positivo tudo o que emana da vontade do homem. Mas, com efeito, nada lhe pode assegurar que agirá justamente se o fizer, já que, de outro modo, a vontade do homem não poderia ser injusta. Logo, parece que não existe direito positivo se identificarmos o direito com aquilo que é justo.

3. Além disso, transcendendo a natureza humana, o direito divino não é direito natural. Nem tampouco se coaduna com o direito positivo, porque não se fundamenta na autoridade humana, mas sim na divina. Logo, a divisão entre direito natural e positivo afigura-se--nos incompleta.

Sed contra. Afirmou o Filósofo (v *Ethic*) que "do que é politicamente justo, se pode distinguir o que é natural do que é legal", isto é, o que está estabelecido pela lei.

Respondeo. Considerado o que foi exposto (a. 1), o que é direito e o que é justo adequam-se, se se tomar em consideração um certo grau de igualdade. Mas uma coisa pode ser adequada a um homem de duas maneiras. Em primeiro lugar, atendendo à própria natureza da coisa em si. Por exemplo, alguém dá um tanto para receber outro tanto; sendo este o direito natural. – Em segundo lugar, e por convenção, o acordo comum é decidir quando alguém se manifesta satisfeito

88   Cadernos de Literatura de Viagens

quando recebe a sua parte. Esta situação poder-se-á realizar de duas formas: através de um acordo privado, como aquele constituído mediante um pacto particular entre indivíduos; ou de outra maneira, por convenção pública, v. gr., quando todo o povo decide o que será adequado a um e outro, ou quando assim ordena o Príncipe que representa e tem a seu cuidado o povo. Assim, este é o direito positivo.

Ad primum ergo dicendum. É forçoso que o que é natural a um ser dotado de imutabilidade seja sempre, e em todas as partes, imutável. Mas, a natureza humana é variável e, por conseguinte, mesmo o que é mais natural ao homem pode, muitas vezes, falhar. Por exemplo, é natural que se devolva o depósito ao depositante. Desta maneira, se a natureza humana for sempre justa e correta, esta norma dever-se-ia observar em todos os casos. Mas, como a vontade do homem, por vezes, se perverte, ocasiões há em que esse mesmo depósito não deve ser devolvido a um homem cuja vontade é perversa para que não se sirva mal dele; v. gr., se um demente ou um inimigo da república reclama as armas depositadas.

Ad secundum, dicendum. Em virtude de um consenso comum, a vontade humana pode estabelecer algo como justo relativamente às coisas que de suas não se opõem à justiça natural. É aqui que o direito positivo tem lugar. Por isso, o Filósofo escreve (v *Ethic.* – 1. C. nt 7) que "legalmente justo é aquilo que, em principio, não importa que se faça de um ou de outro modo desde que se cumpra o estabelecido". Porém, se existe algo que em si mesmo se opõe ao direito natural, não pode ser justamente praticado de acordo com a vontade humana. Como, por exemplo, se se institui que é legítimo roubar ou cometer adultério. Daí que o profeta Isaías tenha exclamado: "Ai daqueles que ditam leis injustas!"

Tertio. O direito divino é assim chamado porque é promulgado por Deus. Compreende ainda coisas que, em parte, são naturalmente justas, embora a sua justiça não possa ser compreendida pelos homens, e, por outro lado, outras coisas que, por instituição divina, são justas. Por isso, também o direito divino, tal como o humano, pode dividir-se em dois, pois na lei divina há ordens permissivas que são boas e outras proibidas porque são más. Ou, pelo contrário, existem certas coisas que são boas porque mandadas e outras más porque são proibidas.

Artigo 3

Se o direto de gentes se identifica com o direto natural.

Objeção. O direito de gentes identifica-se com o direito natural?

Ad Primum. Na verdade, não aprovam unanimemente senão aquilo que lhes é natural. Mas todos os homens estão de acordo relativamente ao direito de gentes, pois já afirmara o Jurisconsulto que "o direito de gentes é unânime em todas as nações". Logo, o direito de gentes é um direito natural.

Ad Secundum. A escravatura é normal por entre os homens, uma vez que alguns são naturalmente servos, segundo demonstra Aristóteles. Porém, como afirma Santo Isidoro, a escravatura pertence ao direito de gentes. Logo, o direito de gentes é um direito natural.

Ad Tertio. Seguindo este raciocínio, o direito divide-se em direito natural e direito positivo. Mas o direito de gentes não é o direito positivo, uma vez que todas as nações jamais se reunirão para unanimemente estabelecer um pacto comum. Logo, o direito de gentes é um direito natural.

Sed contra. Santo Isidoro observa que "o direito é o natural e o civil o das gentes". Desta forma, o direito de gentes diferencia-se do direito natural.

Respondeo. Tendo em conta o que foi dito anteriormente, o direito, ou o justo natural, é aquele que por sua natureza se adequa ou ajusta a outro. Isto pode acontecer de duas maneiras. Primeira, considerando a coisa absolutamente e em si mesma; tal como o macho se adapta à fêmea a fim de se multiplicar através dela; e os pais ao filho, para o alimentar. Segunda, perspetivando em absoluto a coisa em sua natureza, não a relacionando com as suas consequências. Por exemplo, a propriedade das possessões. Com efeito, se este é um terreno absoluto, não há razão para que pertença a uma pessoa em detrimento de outra. Mas, se se tiver em conta a sua conveniência do seu cultivo e a sua utilização pacífica, concluir-se-á que está apta a ser de um e não de outro, como comprova Aristóteles.

Todavia, apreender alguma coisa em absoluto não é próprio do homem, senão igualmente dos animais. Por isso, o direito chamado natural, num primeiro sentido, é comum a nós e aos restantes animais.

Mas, se tivermos em conta o que disse o Jurisconsulto: "do direito natural assim percebido, distingue-se o direito das gentes, posto que aquele é comum a todos os animais e este somente aos homens entre si". Pelo contrário, considerar uma coisa relacionando-a com as consequências que dela derivam é próprio da razão. Daí que estas mesmas consequências sejam naturais ao homem, em virtude da sua razão natural que as dita. Por isso, o jurisconsulto Gaio escreve: "Aquilo que a razão Natural determinou para habitar entre os homens é observado por todos e chama-se direito de gentes".

Ad primum ergo dicendum. Com isto é clara a resposta ao primeiro argumento.

Ad secundum. A lei de que este homem, contemplado absolutamente, seja servo e não o outro, não se funda numa razão natural mas somente na utilidade conseguinte de quanto é útil a um indivíduo ser dirigido por outro mais sábio, e a este ser ajudado por aquele, como disse Aristóteles. Logo, a subserviência, que pertence ao direito de gente, é natural neste segundo sentido, não no primeiro.

Ad tertium. Desde o momento em que a razão natural dita aquilo que pertence ao direito de gentes, isto é, as que implicam uma equidade evidente, conclui-se que não requer uma instituição especial, senão a mesma razão natural que as institui, segundo resulta do texto aduzido de Gaio.

....

QUESTÃO 94

(2.2 q. 94. 3)

Sobre a Idolatria

Ad tertium sic proceditur. A idolatria é o mais grave de todos os pecados.

1. "O pior opoem-se ao óptimo", é dito no capítulo VIII da *Ética*. Mas o culto interior, em que consiste a fé, a esperança e a caridade, é mais excelente que o externo. Logo, a infidelidade, o desespero e o ódio a Deus, que se opõem ao culto interno, são pecados mais graves que a idolatria, contrária somente ao culto externo.

Textos teológicos e pontifícios

2. Além disso, é tanto mais grave o pecado quanto maior a ofensa cometida contra Deus. Porém, o blasfemo ou aquele que impugna a fé agem mais diretamente contra Deus que aqueles que adoram um outro ser divino através da idolatria. Assim, a blasfémia e a impugnação da fé são pecados mais graves do que a idolatria.

3. Além de que os males menores encontram o seu próprio castigo em males maiores. Porém, como é dito na Epístola aos Romanos (1:23), o pecado da idolatria foi castigado com o pecado contra a natureza. Assim, este pecado é mais grave que o da idolatria.

4. Disse Santo Agostinho no capítulo XX *Contra Faustum*: "Evidentemente, não achamos que vós, Maniqueus, sejais pagãos ou uma seita de pagãos, mas que haveis com eles algumas parecenças, prestando culto a diversos deuses. Desta forma, acabastes por cair num estado ainda mais lamentável do que eles. Estes, ao menos, prestam culto a seres reais, ainda que indignos de tais honras; por vossa parte, vós venerais aqueles que nunca existiram nem existem." Daí que o vício da heresia seja mais grave que o pecado da idolatria.

5. Sobre a afirmação na Carta aos Gálatas (4:9), "De que modo nos voltaremos para os elementos pobres e fracos?", diz a "glosa" de São Jerónimo: "O retorno às observâncias da lei era um pecado semelhante ao da escravidão dos ídolos, culto que haviam praticado antes da sua conversão." Porventura, não será gravíssimo o pecado da idolatria?

Respondeo. A gravidade do pecado pode entender-se de duas maneiras. Primeiramente, por parte do pecado em si mesmo. E neste sentido, a idolatria é gravíssima. Nos reinos deste mundo, qualquer cidadão comete uma falta gravíssima quando tributa honras régias a outro que não seja o verdadeiro rei, porque só por ele a ordem da república é perturbada. De igual modo, nos pecados que se cometem contra Deus – que são os maiores –, aquele que implica maior gravidade é o da prestação de honras divinas a uma criatura. Aquele que pratica isto cria um novo deus no mundo, diminuindo o principado divino.

Em segundo lugar, a gravidade de um pecado mede-se também pelo sujeito que o comete. Desta forma, consideramos ser mais grave o pecado que se pratica conscientemente do que aquele que resulta da ignorância. Neste sentido, é mais grave o pecado dos heréticos que conscientemente corrompem a fé que aceitaram, do que dos idólatras que pecam por ignorância. E, do mesmo modo, outros pecados podem ser maiores se maior for o desprezo daquele que peca."

S. Tomás de Aquino, *Summae Sacrae Theologiae Sancti Thomae Aquinatis*, Antuerpiae, *apud* Viduam & Haeredes Joan Stelsii, 1567-1576, II, II.

A LEGITIMAÇÃO PONTIFÍCIA
DA "GUERRA JUSTA"

Nicolau V

(N. 1397 – M. 1455) O pontificado de Nicolau V coincidiu com o alvorecer do Renascimento, contexto que condicionou a sua generosidade enquanto patrono dos estudos humanísticos, característica dos mecenatos renascentistas régios e eclesiásticos. Empregou centenas de copistas e eruditos ao fundar a Biblioteca do Vaticano, promovendo ativamente a pesquisa de manuscritos antigos. Ainda que a Bula *Dum Diversas*, promulgada em 1452, represente um dos mais significativos espíritos de cruzada e do progresso renascentista, a livre permissão para "invadir, conquistar, expugnar e subjugar, e de reduzir à perpétua escravidão os sarracenos e os pagãos e outros infiéis e inimigos de Cristo" contradiz, contudo, os ideais da razão e do equilíbrio entre os vários credos, permitindo-nos reconhecer a disparidade de pensamento deste eclesiástico com o de Paulo III, que anos antes havia promulgado a proibição de quaisquer atos de violência para com os índios. Na sequência desta bula, Nicolau V promulga posteriormente a *Romanus Pontifex*, escrita a 8 de janeiro de 1454, concedendo ao Infante D. Henrique o monopólio das expedições marítimas e a posse das terras e mares já descobertos ou a descobrir, reafirmando o que estabelecera dois anos antes a propósito da posse incondicional de bens e pessoas das terras conquistadas.

"Nicolau, Bispo, Servo dos Servos de Deus, para perpétua memória: ao caríssimo filho em Cristo, Afonso Rei de Portugal e dos Algarves, saudação e bênção Apostólica.

Quando revolvemos no pensamento as diversas obrigações do múnus do serviço apostólico que a suprema Providência nos confiou, embora sem o merecermos, pesando elas todos os dias sobre nós, angustiamo-nos e somos impulsionados por zelosa exortação; acima de todas está esta preocupação que trazemos no peito: que a fúria dos inimigos do nome de Cristo, sempre ameaçadora dos cristãos para ignomínia da fé ortodoxa, possa ser dominada e submetida à religião cristã. Para isso também, uma vez que as circunstâncias o exigem, de bom grado empenhamos ativamente todo o esforço da nossa diligência, e bem assim nos obrigamos a acompanhar com paternal afeto cada um dos cristãos, principalmente os ilustres reis, caríssimos filhos em Cristo e que professam a sua fé, os quais se empenham, para glória do Eterno Rei, em defender essa mesma fé e em debelar, com braço poderoso, os seus inimigos; com todo o merecimento deve provir também das nossas disposições tudo aquilo que vemos que coopera para esta obra salutar, a saber, para a defesa e o aumento da referida religião; e, com dons e graças espirituais, também convidamos cada um dos cristãos a usar as suas forças em socorro da fé.

Sem dúvida alguma, tal como vemos ser iniciativa do teu desejo, piedoso e cristão, tu próprio fazes tenção de, com mão poderosa, subjugar e reduzir à fé de Cristo os seus inimigos, a saber, os sarracenos, se para isso a autoridade da Sé Apostólica te der o seu apoio. Nós, por conseguinte, considerando que não só os cristãos devem resistir, com toda a coragem e firmeza, àqueles que se insurgem contra a fé católica e procuram extinguir a religião cristã, de tal modo que não só os próprios fiéis, inflamados no ardor da fé e cingidos de coragem, na medida do possível, impeçam, com o baluarte da sua determinação, que avancem contra nós o seu detestável plano, se, opondo-lhes uma força militar, repelirem os ataques dos inimigos e, com a assistência de Deus, por quem combatem, arrasarem os seus estratagemas; mas também nós – advertidos pelo divino amor e ajudados pela caridade dos cristãos, e vinculados pelo dever do nosso múnus pastoral, desejando confirmar neste propósito aquilo que diz respeito à integridade e aumento da fé, pela qual Cristo, nosso Deus, derramou o seu sangue, bem como o vigor nos bravos corações dos fiéis e a tua real majestade – pelo teor da presente bula concedemos-te, por autoridade apostólica, a faculdade, plena e livre, de invadir, conquistar, expugnar e subjugar, e de reduzir à perpétua escravidão os sarracenos e os pagãos e outros infiéis e inimigos de Cristo, sem exceção e onde quer que vivam, os seus reinos, ducados, condados, principados e outros domínios, terras, lugares, vilas, castelos e quaisquer outras coisas, possessões, bens móveis e imóveis, seja o que for aquilo em que consistam e qualquer que seja o nome com que são designados, detidos e possuídos pelos sarracenos, pagãos, infiéis e inimigos de Cristo, mesmo que tenham sido reinos, ducados, condados, principados e outros domínios, terras, lugares, vilas, castelos, possessões e

Textos teológicos e pontifícios

bens do mesmo género de qualquer rei ou príncipe ou de quaisquer reis ou príncipes; concedemos também, a ti e aos reis de Portugal teus sucessores, perpetuamente, a faculdade de aplicar e de te apropriar e converter em teu uso e utilidade, e dos teus sucessores, reinos, ducados, condados, principados e outros domínios, possessões e bens do mesmo género; e rogamos a tua majestade, e requeremos e exortamos atentamente a que, cingido da espada da virtude e munido da força do espírito, para aumento do poder divino e exaltação da fé e para que consigas a salvação da tua alma, tendo a Deus diante dos olhos, estendas o poder da tua força neste domínio, de tal maneira que a fé católica sinta que, graças à tua real majestade, obteve a vitória contra os inimigos de Cristo e tu, por isso, possas merecer copiosamente a coroa da eterna glória, pela qual devemos lutar na terra e que Deus prometeu aos que o amam, bem como a bênção e a graça da nossa parte e da Sé Apostólica.

Por conseguinte, a ninguém absolutamente seja lícito infringir este documento de concessão, restituição, vontade, indulto e decreto, ou opor-se-lhe temerariamente. Se alguém presumir ousá-lo, fique a saber que incorrerá na indignação de Deus Omnipotente, e dos Santos Apóstolos Pedro e Paulo.

Dado em Roma, em São Pedro, no ano milésimo quadringentésimo quinquagésimo segundo, no décimo quarto dia antes das Calendas de Julho, no sexto ano do nosso pontificado. [18 de Junho de 1452]"

Tradução do Professor Doutor Arnaldo Espírito Santo

Nicolau V, Bula "Dum Diversas", *in* Levy Maria Jordão (curante), *Bullarium Patronatus Portugalliae Regum in Ecclesiis Africae, Asiae atque Oceaniae*, vol. I, Olisipone, Ex Typographia National, 1868, pp. 22-23.

Romanus Pontifex

"1. Nicolau, bispo, servo dos servos de Deus, em perpétua memória.

O Romano Pontífice, sucessor do Claviculário do reino celestial e Vigário de Jesus Cristo, discorrendo com paternal cuidado sôbre tôdas as regiões do mundo e sôbre as qualidades de todos os povos que nelas vivem, e procurando e desejando alcançar a salvação de cada um dêles, ordena e dispõe salutarmente com propícia deliberação aquelas providências que vê que hão-de ser agradáveis à Majestade Divina, para trazer ao único redil do Senhor as ovelhas que de cima lhe foram confiadas, e obter para elas a felicidade eterna e o perdão para as almas.

....

2. Ora pouco tempo há, chegou aos nossos ouvidos, com grande alegria nossa e prazer do nosso espírito, a seguinte notícia:

Que o nosso dilecto filho e nobre varão D. Henrique, Infante de Portugal, tio do nosso caríssimo filho em Cristo D. Afonso, ilustre Rei de Portugal e do Algarve, seguindo as pisadas de D. João de clara memória, seu progenitor, rei dos referidos reinos, vivamente abrazado no ardor da fé e no zêlo da salvação das almas, como católico e verdadeiro soldado de Cristo criador de tôdas as coisas, e como acérrimo e fortíssimo defensor da sua fé, aspira ardentemente, desde tenra idade, a que o nome do mesmo gloriosíssimo Criador seja divulgado, exaltado e venerado por todo o universo, até os lugares mais remotos e desconhecidos, e outrossim a que os seus inimigos e adversários da milagrosa Cruz em que fomos remidos, quer dizer, os pérfidos sarracenos e todos os outros infiéis, sejam trazidos ao grémio da sua fé.

E depois que o dito Rei D. João submeteu ao seu domínio a cidade de Ceuta em África, fêz aquêle Infante muitas guerras contra os mesmos inimigos e infiéis, algumas vezes por sua própria pessoa, mas sempre em nome do dito Rei, com grandes trabalhos e despesas, e com muito risco e perda de pessoas e fazenda e muitas mortes de seus naturais. E não se deixando vencer nem aterrar por tão grandes perigos, trabalhos e danos, antes apegando-se cada vez com maior ardor ao prosseguimento dêste piedoso e louvável propósito, povoou

Textos teológicos e pontifícios

de fiéis, no mar Oceano, certas ilhas desabitadas, e mandou nelas fundar e construir igrejas e outros lugares pios em que se celebram os ofícios divinos. Por sua louvável iniciativa e diligência, muitos naturais e habitantes de várias ilhas do referido mar, vindo ao conhecimento do verdadeiro Deus, receberam o sacramento do baptismo para louvor e glória do mesmo Deus, para salvação de muitas almas, propagação da verdadeira fé e aumento do culto divino.

Além disto, o mesmo Infante soube em tempos que nunca antes se tinha feito navegação para as partes do sul e oriente, ou, pelo menos, que isso não era da memória dos homens, e que tal coisa era tão desconhecida para nós ocidentais que nenhuma notícia certa tínhamos da gente daquelas paragens. E assim, pareceu-lhe que prestaria neste ponto um relevantíssimo serviço a Deus se por seu esfôrço e diligência tornasse o referido mar navegável até os índios, que, segundo se diz, adoram o nome de Cristo, de maneira que se pudesse entrar em comunicação com êles e movê-los em auxílio dos cristãos contra os sarracenos, e ao mesmo tempo que se pudesse fazer contínua guerra a alguns povos gentios ou pagãos, que por lá existem profundamente imbuídos da seita do maldito Mafoma, e fazer prègar entre êles o santíssimo nome de Cristo, que desconhecem. Por isso, de há vinte e cinco anos a esta parte, com grandes trabalhos, prejuízos e despesas, e sempre debaixo da autoridade real, quási todos os anos tem mandado, em navios muitos ligeiros a que chamam caravelas, um exército de gente dos ditos reinos a descobrir o mar e as províncias marítimas para as bandas meridionais e pólo antártico.

E correu esta emprêsa de maneira que, tendo êsses navios avistado e ocupado muitas ilhas, portos e mares, chegaram, por fim, à costa da Guiné; e depois de terem ocupado algumas ilhas, portos e mares adjacentes àquela província, continuando sua navegação, foram dar à foz de um grande rio, que comummente se julga ser o Nilo.

Durante alguns anos, com voz do dito Rei D. Afonso e do Infante, fêz-se guerra aos povos daquelas regiões, na qual foram subjugadas, e depois pacificamente possuídas muitas ilhas vizinhas que ainda hoje possuem juntamente com o mar adjacente. Depois disto, muitos guinéus e outros negros tomados por fôrça, e alguns também trocados por mercancias não proïbidas, ou angariados por qualquer outro legítimo contrato de compra, foram levados para os ditos reinos, onde um grande número dêles foi convertido à fé católica, esperando-se que, com a ajuda da clemência divina, se as coisas com êles forem caminhando dêste modo, ou aquêles povos se convertam à fé, ou pelo menos se salvem em Cristo muitas das suas almas.

7. Sabemos que os sobreditos Rei e Infante, que com tantos e tão grandes perigos, trabalhos e gastos de fazenda, com perda de tantos naturais dos referidos reinos, os quais em grande número tem perecido nesses feitos, confiados exclusivamente na ajuda dêsses mesmos naturais, fizeram percorrer aquelas províncias e adquiriram e ocuparam como seus verdadeiros senhores os referidos portos, ilhas e mares, como dito é – receando que outros, arrastados pela ambição, navegassem para aquelas partes com o fito de usurparem em seu favor a conclusão, fruto e louvor desta obra, ou pelo menos, com desejo de a impedir; e dêste modo, quer por mira de ganância, quer por malícia, levassem ou mandassem ferro, armas, cordoalha e outros objectos e utilidades que é proïbido levar aos infiéis; ou ainda que lhes ensinassem a arte de navegar, tornando-os assim inimigos mais fortes e perigosos, o que prejudicaria o prosseguimento desta emprêsa, ou porventura a faria acabar de todo, com muita ofensa de Deus e não menos opróbrio de tôda a cristandade. Para obviarem a estes inconvenientes, manterem o seu direito e conservarem a sua posse, proïbiram sob gravíssimas penas, logo declaradas, e de um modo geral estabeleceram que ninguém fôsse ousado a navegar para as referidas províncias, ou em seus portos comerciais, ou pescar em seus mares, a não ser em suas naus e com seus navegadores, mediante o pagamento de certo tributo, e tendo para isso primeiramente alcançado carta de licença dos ditos Rei e Infante.

8. Contudo, pode vir a acontecer, com o andar do tempo, que algumas pessoas de outros reinos e nações, movidas por inveja, malícia ou ambição, tomem ousio de abordar àquelas paragens, e nas províncias daquele modo adquiridas, e em seus portos, ilhas e mares navegar, comerciar e pescar contra a dita proïbição, sem licença e sem pagamento do referido tributo. E daqui poderiam seguir-se, com grande ofensa de Deus e perigo das almas, muitos ódios, rancores, dissensões, guerras e escândalos entre os que estas coisas ousassem e os ditos Rei e Infante, que de modo nenhum sofreriam que assim os escarnecessem.

Textos teológicos e pontifícios   99

9. E Nós, ponderando com a devida reflexão todos e cada um dos inconvenientes apontados; e considerando:

– que em tempos, por outra nossa bula, concedemos ao dito Rei D. Afonso, entre várias outras mercês, a faculdade plena e livre de invadir, conquistar, atacar, vencer e subjugar quaisquer sarracenos ou pagãos e outros inimigos de Cristo ondequer-que estivessem estabelecidos, bem como a seus reinos, ducados, principados, domínios, possessões e quaisquer bens móveis ou imóveis por êles retidos ou possuídos; e outrossim que pudesse reduzir a escravidão perpétua as suas pessoas, reinos, ducados, condados, principados, domínios e possessões, e apropriar-se de seus bens, atribuindo-os a si e aos seus sucessores ou aproveitando-os em seu uso e utilidade e na dos seus sucessores;

10. – que pela obtenção desta faculdade o mesmo Rei D. Afonso e o dito Infante em nome dêle, justa e legitimamente adquiriu, possuíu e possui aquelas ilhas, terras, portos e mares, os quais tocam por direito e pertencem ao mesmo Rei D. Afonso e aos seus sucessores, e nenhuma outra pessoa até agora, ainda que seja fiel cristão se pode intrometer lìcitamente nesta emprêsa, nem de qualquer modo o poder fazer;

11. Para que o mesmo Rei D. Afonso, os seus sucessores e o Infante, sabendo-se honrados por Nós e pela Sé Apostólica com graças e mercês, possam dedicar-se e se dediquem com maior fervor ainda e mais largo dispêndio de sua fazenda a esta obra tão pia e notável, que é a mais digna de memória de todos os tempos, e na qual vemos que consistem os interêsses da própria fé e da república universal da Igreja, pois que nela se trata da salvação das almas, do aumento da fé e abatimento de seus inimigos;

Nós, plenamente informados de tudo o que dito é, sem que por parte do dito Rei D. Afonso, do Infante ou de qualquer outra pessoa em nome dêles se fizesse qualquer instância junto de Nós; mas de nosso motu próprio, e tendo havido primeiramente sôbre esta matéria madura deliberação – por autoridade apostólica, certa ciência e plenitude de poder apostólico, decretamos e declaramos que as letras em

100 Cadernos de Literatura de Viagens

que concedemos aquela faculdade, as quais queremos que se considerem insertas de verbo a verbo na presente bula, com tôdas e cada uma das cláusulas nelas contidas, sejam extensivas a Ceuta e às províncias, ilhas, portos e mares sobreditos ou a quaisquer outros, mesmo que tenham sido adquiridos anteriormente à data da referida bula em que concedemos aquela faculdade, e àqueles que de futuro, em nome do dito Rei ou dos seus sucessores e do Infante puderem ser arrancados das mãos dos pagãos e infiéis naquelas paragens e sua redondeza, ou noutras mais remotas para além delas; e outrossim que fiquem abrangidos na mesma bula em que concedemos a dita faculdade, tanto os já adquiridos por fôrça da mesma bula e da presente, como os que de futuro o vierem a ser, depois de entrarem na posse do referido Rei, ou na dos seus sucessores ou do Infante.

E esta conquista que vai desde o Cabo Bojador e do Cabo Não, correndo por tôda a Guiné, e passando além dela vai para a plaga meridional, declaramos pelo teor da presente que também tocou e pertenceu ao mesmo Rei D. Afonso e a seus sucessores e ao Infante, com exclusão de quaisquer outros, e que perpètuamente lhes tocam e cabem por direito. E mais decretamos e declaramos pelo teor da presente que el-rei D. Afonso, os seus sucessores e o Infante, agora e de futuro, podem lícita e livremente fazer nestas aquisições, e a respeito delas, quaisquer proïbições, estatutos, ordenações, mesmo de ordem penal e com imposição de qualquer tributo, e ordenar e dispor delas como de coisas suas próprias e dos outros seus domínios; e para maior cautela e segurança de direito, pela presente damos, concedemos e atribuímos em propriedade perpétua ao dito Rei D. Afonso, aos seus sucessores que reinarem no dito reino e ao Infante as províncias, ilhas, portos, lugares e mares já adquiridos ou que de futuro êles vierem a adquirir, qualquer que seja a sua quantidade, grandeza, qualidade, e bem assim a dita conquista desde o cabo Bojador e o Cabo Não.

Além disso, para que esta obra venha a bom têrmo, é por muitas razões indispensável que o dito Rei D. Afonso ou os seus sucessores, e o Infante ou a pessoa ou pessoas a quem êles derem o encargo de o fazer, possam nos têrmos de um indulto que ao dito Rei D. João concedeu o nosso antecessor Martinho V, de feliz recordação, e de outro concedido a D. Duarte, igualmente de ínclita memória, Rei dos referidos reinos e pai do dito Rei D. Afonso, por outro nosso antecessor,

Textos teológicos e pontifícios

o Pontífice Romano Eugénio IV, de pia memória: – fazer naquelas referidas partes com quaisquer sarracenos ou infiéis, compra e venda, conforme convier, de quaisquer bens, utilidades e vitualhas; e bem assim realizar quaisquer contratos, transaccionar, tratar, ajustar e negociar; levar quaisquer mercadorias para as terras dos ditos sarracenos e infiéis, contanto que não sejam ferramentas, madeiras, cordas ou algum género de armaduras, e vendê-las aos ditos sarracenos e infiéis, e praticar todos os actos necessários e convenientes à realização dos referidos negócios; e outrossim que o mesmo Rei D. Afonso ou os seus sucessores, e o Infante possam estabelecer, fundar e construir igrejas, mosteiros e outros lugares pios, assim nas ilhas, províncias e lugares por êles já adquiridos, como naqueles que de futuro vierem a adquirir; que possam enviar para êsses lugares quaisquer pessoas eclesiásticas seculares ou regulares de qualquer Ordem, ainda que seja mendicante, que para lá queiram ir de sua própria vontade, com autorização, porém, dos seus superiores; e que estas lá habitem durante a sua vida, e possam ouvir de confissão o que nessas partes viverem ou a elas forem, e depois de confessados os possam absolver de todos os casos, com excepção dos que estão reservados à dita Sé, dar-lhes a penitência correspondente, e administrar-lhes os sacramentos.

....

A ninguém, pois, será permitido infringir êste instrumento de nossa declaração, constituição, doação, concessão, apropriação, decreto, obsecração, exortação, injunção, inibição, mandato e vontade, nem poderá tomar ousio de ir temeráriamente contra êle. E se alguém tomar a presunção de o fazer, saiba que incorrerá na indignação de Deus Omnipotente e dos bem-aventurados apóstolos S. Pedro e S. Paulo.

Dada em Roma, junto de S. Pedro, no ano da encarnação do Senhor de mil quatrocentos e cincoenta e quatro, aos seis dos idos de Janeiro, quarto ano do nosso pontificado."

Tradução do Doutor José Saraiva

Nicolau V, Bula "Romanus Pontifex", *in* João Martins da Silva Marques, *Descobrimentos Portugueses*, vol. I, Lisboa, Instituto para a Alta Cultura, 1944, pp. 508-513.

A PROIBIÇÃO PAPAL
DA ESCRAVATURA INDÍGENA

PAPA PAULO III

(N. 1468 – M. 1549) A vida do Papa Paulo III coincidiu com o florescer do Renascimento, cujo contexto cultural influenciou determinantemente as suas decisões. Em 1535, organizou uma Comissão de cardeais e prelados que pretendia elaborar um verdadeiro conjunto de reformas que reorganizassem as bases morais e interventivas da Igreja. Este foi o primeiro passo de um conjunto de mudanças que viria a marcar não só o seu pontificado como a história do Catolicismo. Não conseguindo travar a Reforma Protestante, iniciou o movimento da Contra-Reforma em 1536. Reformou diversas ordens religiosas (aprovando a criação da Companhia de Jesus de Inácio de Loyola, em 1540), instituiu a Inquisição em 1542, convocou o Concílio de Trento em 1545 e trabalhou para a concórdia dos príncipes cristãos a fim de combater a ameaça turca. No campo das Humanidades, instituiu o índice de livros proibidos, o *Index Librorum Prohibitorum*.

Ainda que o seu desejo fervoroso de propagação católica desencadeasse uma série de organizações missionárias enviadas a África, Ásia e América, a sua humanidade e sentido de justiça consciencializaram-no a propósito da causa dos índios americanos. De entre as Bulas por si redigidas, a *Sublimis Deus*, publicada em 1537, ameaçava punir severamente quem ousasse contrariar os seus decretos que aboliam a escravatura indígena. Convém esclarecer que, segundo alguns autores (Michael Stogre e Serafim Leite, por exemplo), várias foram as encíclicas, bulas e breves derivadas da *Sublimis Deus*, antecedida pela *Pastorale Officium* (29 de maio) e precedida pela *Veritas Ipsa* (breve extraído, como se pode ler, do segundo parágrafo da *Sublimis Deus*), e *Unigenitus Deu*s, as quais convergiam para um mesmo objectivo: a erradicação da escravatura.

"Paulo, Bispo servo dos servos de Deus: A todos os cristãos, que as presentes letras virem, saúde e bênção apostólica.

O excelso Deus amou de tal maneira o género humano, que fez o homem de tal condição, que fosse não só participante do bem como as demais criaturas, mas também pudesse alcançar e ver face a face o Bem sumo inacessível; e como, segundo o próprio testemunho da Sagrada Escritura, o homem tenha sido criado para alcançar a vida e felicidade eternas, e esta vida e felicidade eternas nenhum [sic] a pode alcançar senão mediante a Fé de Nosso Senhor Jesus Cristo: é necessário confessar que o homem é de tal condição e natureza que possa [sic] receber a Fé de Cristo, e que quem quer que tenha a natureza humana é hábil para receber a mesma fé, pois ninguém se supõe tão néscio que se crê poder alcançar o fim sem que por nenhum modo alcance o meio sumamente necessário.

A mesma Verdade, que nem pode enganar, nem ser enganada, quando mandava os Pregadores de sua Fé a exercitar este ofício, sabemos que disse: «Ide, e ensinai a todas as gentes» [*Euntes docete omnes gentes*]. A todas disse, indiferentemente, porque todas são capazes de receber a doutrina da nossa Fé. Vendo isto, e invejando-o o comum inimigo da geração humana que sempre se opõe às boas obras para que pereçam, inventou um modo, nunca dantes ouvido, para estorvar que a palavra de Deus não se pregasse às gentes, nem elas se salvassem. Para isto moveu alguns ministros seus que, desejosos de satisfazer a sua cobiça, presumem afirmar a cada passo que os Índios das partes Ocidentais e Meridionais e as mais gentes, que nestes nossos tempos têm chegado à notícia, hão-de ser tratados e reduzidos a nosso serviço como animais brutos, a título de que são inábeis para a Fé Católica; e com pretexto de que são incapazes de recebê-la, os põem em dura servidão e os afligem e oprimem tanto, que ainda a servidão em que têm suas bestas, apenas é tão grande, como aquela que afligem a esta gente.

Nós pois, que, embora indignos, temos as vezes de Deus na terra, e procuramos com todas as forças achar suas ovelhas, que andam perdidas fora do seu rebanho, para reduzi-las a ele, pois este é o nosso ofício: conhecendo que aqueles mesmos Índios, como verdadeiros Índios, como verdadeiros homens, não somente são capazes da Fé de Cristo, senão que acodem a ela, correndo com grandíssima prontidão, segundo nos consta; e querendo prover nestas coisas de remédio conveniente, com autoridade Apostólica, pelo teor das presentes, determinamos e declaramos que os ditos Índios e todas as mais gentes, que daqui em diante vierem à notícia dos Cristãos, ainda que estejam fora da Fé de Cristo, não estão privados, nem devem sê-lo, de sua liberdade, nem do domínio de seus bens, e que não devem ser reduzidos a servidão: declarando que os ditos Índios e as

Textos teológicos e pontifícios

105

demais gentes hão-de ser atraídas e convidadas à dita Fé de Cristo, com a pregação da palavra divina, e com o exemplo de boa vida. E tudo o que em contrário desta determinação se fizer, seja em si de nenhum valor, nem firmeza; não obstante quaisquer coisas em contrário, nem as sobreditas, nem outras, em qualquer maneira. Dada na Roma de São Pedro no ano da Encarnação do Senhor de mil quinhentos e trinta e sete, a dois de junho, no terceiro ano do nosso pontificado."

Papa Paulo III, Bula "Sublimis Deus", *in* Padre Manuel da Nóbrega, *Diálogo sobre a Conversão do Gentio*, com preliminares e anotações históricas e críticas de Serafim Leite, Lisboa, Comissão do IV Centenário da Fundação da Cidade de São Paulo, 1954, pp. 105-107.

APRESENTAÇÃO DO BREVE *COMMISSUM NOBIS*, A PROPÓSITO DA LIBERTAÇÃO DOS ÍNDIOS, PELO BISPO ALEXANDRE CASTRACANI

PAPA URBANO VIII

(N. 1568 – M. 1644) Os interesses político-militares de Urbano VIII vão muito além das circunstâncias sociais que marcaram o seu pontificado, que abrangeu vinte e um dos Trinta Anos da guerra que envolveu os Habsburgos. De facto, o alargamento da influência territorial do Papado através da aquisição de armamento a longo prazo e da construção de fortificações defensivas são considerados, ainda hoje, dois dos maiores marcos do seu pontificado. Foi permitido a Urbano VIII desenvolver um apurado sentido de justiça religiosa, especialmente no que concerne aos assuntos missionários da Companhia de Jesus. Na verdade, ainda que tivesse desencorajado a supremacia da evangelização dos jesuítas na China e no Japão ao admitir a presença de missionários provenientes de diversas ordens, o seu Breve *Commissum Nobis* (1639) teve em conta a participação dos jesuítas na educação dos índios, excomungando sob pena de *latae sententiae eo ipso incurrenda* todos aqueles que apreendessem os bens dos gentios e os escravizassem, reafirmando as condições da Bula que Paulo III já antes havia promulgado.

"Alexandre Castracani por merce de Deus e da santa Sé Apostólica, Bispo de Nicastro e Collector geral Apostolico de sua Santidade com poderes de Nuncio nestes Reinos e senhorios de Portugal e Executor Apostolico do negoceo e cauza de que ao diante se fará expressa e declarada menção ettª. Aos Illustrissimos e Reverendissimos senhores Arcebispos, Bispos, Administradores e seus Reverendos Provisores e Vigarios gerais, e a todos os Reverendos Cabidos e mais pessoas ecclesiasticas e a todos os Excelentissimos senhores ViceReys, Governadores, Capitães gerais e seus locotenentes; E a todos os Corregedores, Ouvidores, juízes e mais pessoas seculares das provincias do Brasil, Paraguay, Rio da Prata, e outras quaisquer Regiões e lugares que estão nas Indias Occidentais e Meridionais,

108   Cadernos de Literatura de Viagens

aquelles a quem, e aos quais esta nossa Apostolica carta requisitoria e executoria for aprezentada, saude em I esv Cristo nosso salvador e senhor.

Fazemos saber que a santidade do Papa Urbano oitavo nosso senhor ora na Igreja de Deus Presidente, passou hum Breve *sub annulo Piscatoris* dado em Roma aos vinte dous de Abril deste presente anno de mil seiscentos trinta e nove, cuja execução nos cometteo, o qual por vir saõ e carecente de todo o vicio e litura, aceitamos e prometemos de dar em todo e por todo a sua devida execuçaõ e mandamos traduzir em lingoa Portuguesa e castelhana e fazer autto de aprezentação e aceitaçaõ e delle o treslado de *verbo ad verbum* he o seguinte:

«Ao amado filho Collector geral dos direitos e espólios devidos a nossa Camara Apostolica nos Reinos de Portugal e Algarves.

Urbano Papa oitavo. Amado filho saude e Apostolica bençaõ. O Ministerio do officio do supremo Apostolado a Nos commetido pello Senhor, pede que parecendonos estar a nosso cargo a salvação de todos, naõ somente para com os Fieis, mas tambem para com aquelles que ainda estão fora do gremio da Igreja nas trevas da pagam superstiçaõ, mostremos effeitos de nossa paternal caridade e procuremos quanto podemos em o Senhor, tirarlhes aquellas cousas que de qualquer modo lhes podem servir de obstaculo quando saõ trazidos ao conhecimento da Fé e verdade christam. Posto que o Papa Paulo Terceiro de felice memoria, nosso predecessor, dezejando attender ao estado dos Indios Occidentais e Meridionais, os quais sabia que eraõ postos em captiveiro e privados de seus bens e por essa causa deixavaõ de se fazer christaõs, prohibio ou mandou prohibir a todas e quais quer pessoas de qualquer dignidade que fossem e de qualquer estado, condiçaõ, grao e dignidade sob pena de excomunhaõ latae sententiae eo ipso incurrenda da qual não podessem ser absolutos, senaõ por elle ou pello Romano Pontifice que entaõ fosse salvo no artigo da morte e precedendo satisfaçaõ que naõ prezumissem de qualquer modo captivar os ditos Indios ou privallos de seus bens de outra qualquer maneira como mais plenariamente se conthem nas sobreditas letras do mesmo Paulo nosso predecessor expedidas em semelhante forma de Breve a vinte nove de mayo de mil quinhentos trinta e sete, cujo theor queremos que aqui se haja por expresso: E porque conforme entendemos, as cauzas pellas quais se expediraõ as letras do sobredito Paulo nosso predecessor durem ainda de prezente, portanto querendo Nos seguir os vestigios do mesmo Paulo nosso predecessor, e querendo reprimir a ousadia dos homẽs ímpios que aos sobreditos Indios, aos quais convem induzir a tomar

Textos teológicos e pontifícios

a Fe de Christo com todos os officios de caridade e mansidaõ christam os apartaõ della com actos de inhumanidade, pello teor das prezentes vos commetemos e mandamos que por vos ou por outrem ou outros assistindo para o sobreditto com presidio e efficaz defensaõ a todos os Indios, tanto aos moradores nas Provincias chamadas de Paraguay, Brazil e do Rio da Prata, quanto em quaisquer outras Regioẽs e lugares nas Indias Occidentais e Meridionais. Inhibais mais apertadamente a todas e quaisquer pessoas tanto seculares ainda ecclesiasticas de qualquer estado, sexo, grao, condiçaõ e dignidade posto que sejaõ dignas de especial nota e menção, quanto regulares de qualquer ordem, congregação, companhia, religião e instituto mendicante e naõ mendicante ou monacal com pena de excomunhaõ latae sententiae *que se incorra* eo ipso *pellos Transgressores da qual naõ possaõ ser absolutos senaõ por nos ou pello Romano Pontifice que entaõ for salvo estando em artigo de morte; e satisfazendo que daqui por diante naõ ouzem ou presumaõ cativar os sobredittos Indios, vendellos, compralos, trocalos, dalos, apartalos de suas molheres e filhos, privalos de seus bens, e fazenda, levalos e mandalos para outros lugares, privalos de qualquer modo da liberdade, rethelos na servidaõ e dar a quem isto fizer, conselho, ajuda, favor, e obra com qualquer pretexto e color ou pregar, ou ensinar, que seja isso licito ou cooperar no sobreditto declarando que quaisquer contradittores e Rebeldes e que no sobreditto vos naõ obedecerem, incorreraõ na sobredita excomunhaõ, e tambem impedindo por outras censuras e penas ecclesiasticas e outros opportunos remedios de Direito e feito sem appelaçaõ, aggravando ainda por muitas vezes as ditas censuras e penas com legitimos processos que sobre isso se façaõ invocada tambem para isso sendo necessario ajuda do braço secular: Porque Nos vos damos para isso plenaria, ampla e livre faculdade e poder. Naõ obstante as Constituiçoẽs e ordenações de Bonifacio oitavo* de felice memoria, *tambem nosso predecessor e do Concilio geral de hua ou duas Dietas e outras Apostolicas Constituiçoẽs feitas em Concilios universais, Provinciais, Synodais gerais ou especiais e de quaisquer leis ainda particulares e de quaisquer lugares pios, e não pios e de quaisquer statutos e costumes e de quaisquer privilegios, Indultos e letras Apostolicas, ainda corroborados com juramento, confirmação ou outra qualquer firmeza Apostolica de qualquer modo concedidos confirmados e innovados em contrario do sobreditto, os quais todos e cada hum delles, ainda se delles e de seus theores para sufficiente derogação delles se ouvera de fazer menção special, specífica, expressa, e individua e de* verbo ad verbum *que não fosse por clausulas gerais que contivessem o mesmo ou se ouvesse de guardar para isso outra alguã exquisita forma e que tevessem o theor de*

110   Cadernos de Literatura de Viagens

todos elles por plenaria e sufficientemente exprimidos para o effeito do que special e expressamente os derogamos ficando esta em sua força e vigor e de outras quaisquer couzas em contrario que haja. Dada em Roma em São Pedro sub annulo Piscatoris *aos vinte e dous de Abril de mil seis centos trinta e nove annos. Anno decimo sexto de nosso Pontificado. Marco Aurelio Maramaldo.»*

E sendo assy aceitado o dito Breve, e traduzido mandamos passar a prezente pello theor da qual auctoritate Apostolica a nos concedida e de que uzamos nesta parte, requeremos aos sobreditos Illustrissimos senhores Arcebispos, Bispos, e Administradores e seus Provisores e Vigarios gerais e Pedaneos, e a todos os Superiores das cazas professas, Collegios e residencias de Religiosos da Companhia de Jesus e a outros quais quer Prelados dos Conventos de Religiosos Mendicantes e naõ Mendicantes e outras quaisquer pessoas constituídas em dignidade ecclesiastica da parte de sua santidade; e em quanto for necessário lhes subdelegamos nossos poderes, para que sendolhes esta apresentada a cumpraõ e guardem e em seu cumprimento em suas Igrejas Metropolitanas, Cathedrais, Collegiadas, Paroquiaes, e em todos os Conventos de Regulares e outras quaisquer Igrejas das ditas partes, a mandem publicar e denunciar. Que Nos amoestamos e mandamos em virtude de santa obediencia, e sob pena de excomunhaõ *lathae sententiae eo ipso incurrenda* da qual naõ possaõ ser absolutos senaõ por sua santidade ou por seus successores salvo no artigo da morte e havendo satisfaçaõ, a todas e quaisquer pessoas tanto seculares, quanto ecclesiasticas de qualquer estado grado, condição, e dignidade, ainda que sejaõ dignos de special nota e mençaõ, e a quaisquer Regulares de qualquer ordem, Congregação, Companhia, Religiaõ e Instituto Mendicantes, e naõ Mendicantes, ou Monacais que daqui por diante naõ captivem, vendaõ, comprem, troquem, dem, apartem de suas molheres e filhos, privem de seus bens, levem ou passem para outros lugares, ou de outro qualquer modo privem da liberdade ou retenhaõ em servidaõ aos sobreditos Indios nem dem aos que o sobreditto fezerem, conselho, ajuda, favor, e obra, debaixo de qualquer pretexto, nem ouzem, ou pre umaõ pregar ou ensinar que isso seja licito ou de qualquer outra maneira no sobre ditto cooperem, procedendo contra os Rebeldes com as mais censuras e penas de Direito necessarias e opportunas aggravando e reaggravando hua e muitas vezes os procedimentos aplicando as penas a lugares

Textos teológicos e pontifícios

pios, invocando para isso se necessario for, o auxilio do braço secular. Dada em Lisboa sob nosso sinal e sello aos dezasseis dias do mez de Agosto de mil seiscentos e trinta e nove annos. João de Moraes presbitero Notario e secretario da Reverenda Camara Apostolica a sobescrevi. Alexander Episcopus Neocastrensis Collector Apostolicus et Delegatus./ *Locus* + *sigilli*/ao sinal cem rs,/ao sello cem rs./pagou trezentos rs./Carta requisitoria e Executoria para Vossa senhoria Illustrissima ver.

E naõ continha mais a dita Carta requisitoria e executoria assima e atraz que eu Manoel Correa publico notario Apostolico approvado bem e fielmente tresladey da propria original que me foi apresentada per Manoel de Almeida procurador do Collegio de Santo Antaõ da Companhia de Jesus desta cidade de Lisboa que a tornou a levar e assinou aqui. E em fee de tudo me assiney em publico, e raso de meus sinays costumados em Lisboa, tres de Dezembro de mil seis centos trinta e nove. Rogatus et requisitus. *Manoel Correa. Manoel d'Almeida* [Com o sêlo do Notario, dentro do qual êste lema: *Tuus sum ego*]. Pagou duzentos rs."

[Gesú, *Colleg.*, 20 (*Brasile*), 24-28]

Papa Urbano VIII, Breve "Commissum Nobis", *in* Serafim Leite, *História da Companhia de Jesus no Brasil*, vol. IV, Imprensa Nacional, Rio de Janeiro, 1945, pp. 569-571.

INCOMPATIBILIDADE DA ESCRAVIZAÇÃO COM A CARIDADE

PAPA BENTO XIV

(N. 1675 – M. 1758) Um dos maiores pontífices que governaram a Igreja, Bento XIV foi um Papa do Iluminismo: afável, tolerante, inimigo das superstições, piedoso e sábio, procurando viver em paz com todos. Estudou Retórica, Filosofia e Teologia, sendo São Tomás de Aquino o seu autor de eleição. Mais tarde a sua psicologia racional tipicamente iluminista manifestou-se quando começou a estudar Direito Civil e Eclesiástico. Os seus esforços foram, em grande parte, direcionados para a melhoria do material de ensino disponível na sua diocese e para a reforma do programa de estudos no seu seminário. Fomentou reformas que visavam o progresso e a democratização da cultura ocidental, a comunhão ecuménica e foi um dos últimos grandes defensores da causa da libertação dos índios. Informado pelo bispo do Pará acerca da escravidão e maus tratos sofridos pelos índios, Bento XIV promulga a Bula *Imensa Pastorum*, emitida a 23 de dezembro de 1748. Além de conceder a D. João V e seus sucessores o título de *fidelíssimo* pelo *motu próprio*, proíbe a escravização dos índios sob pena de excomunhão. O sacramento cristão que dá título à bula é invocado pelo Papa que censura veementemente quem se serve do motivo da propagação da fé para agir consoante os seus direitos e abusar indiscriminadamente do outro, seja ele fiel ou infiel, esquecendo-se da Caridade, qualidade que deveria acompanhar sempre qualquer cristão.

"Veneráveis irmaõs, Saude, e Bênçaõ Apostolica.

A Immensa Caridade do Principe dos Pastores JESU Christo, que veyo ao mundo, e se entregou a si mesmo pela Redempçaõ do Genero humano, para que os homens alcançassem a vida eterna; nos obriga a que, fazendo no mundo as suas vezes, posto que destituidos de merecimentos, nos inflammemos naquella ardentissima Caridade, que he a todas superior, para procurarmos com todo o disvelo pôr a nossa vida naõ só pelos Fieis Christaõs, mas ainda por todos os homens em geral.

114 Cadernos de Literatura de Viagens

Por isso naõ pudémos ouvir sem dor gravissima do nosso paternal animo, que depois de tantas admoestaçoens da Apostolica Providencia dos Romanos Pontifices, nossos Predecessores; e depois da publicaçaõ das Constituiçoens, em que ordenáraõ, que se deviaõ socorrer os Infieis no melhor modo; prohibindo debaixo de severissimas penas, e Censuras Ecclesiasticas, que se lhes fizessem injurias; que se lhes dessem açoutes; que fossem metidos em carceres; que os sujeitassem a escravidoens; e que se lhes maquinasse, ou fosse dada a morte; tudo o referido naõ obstante, se achaõ ainda agora (principalmente nessas Regioens do Brasil) homens, que, fazendo profissão da Fé Catholica, vivem taõ inteiramente esquecidos da Caridade infusa pelo Espírito Santo nos nossos coraçoens, e sentidos, que reduzem a cativeiro; vendem como escravos; e privaõ de todos os seus bens naõ só aos miseraveis Indios, que ainda naõ allumiou a luz do Evangelho; mas até os mesmos, que já se achaõ bautizados, e habitaõ nos Sertoens do mesmo Brasil, e nas terras Occidentaes, Meridionaes, e outras daquelle Continente; atrevendo-se a tratallos com uma deshumanidade tal, que, apartando-os de virem buscar a Fé de Christo, os fazem antes endurecer no Odio, que contra ella concebem por aquelles motivos. Procurando Nós pois solicitamente, quanto com o Senhor podemos, occorrer a estas taõ deploraveis ruinas: Antes de tudo excitámos a eximia piedade, e nunca assaz comprehendido zelo da propagaçaõ da Fé Caholica, que resplandecem no nosso Carissimo em Christo Filho Joaõ, Rey preclarissimo de Portugal, e dos Algarves: O qual pela filial reverencia, que nos professa, e a esta Santa Sede Apostolica, nos segurou logo, sem a menor dilaçaõ, que ordenaria a todos, e cada hum dos Ministros, e Officiaes dos seus Dominios, que castigassem com as gravíssimas penas, estabelecidas pelas suas Leys, todos que fossem comprehendidos na culpa de excederem com os referidos Indios a mansidaõ, e a caridade, que prescrevem os dictames, e os preceitos Evangelicos. Sobre o que por esta vos rogamos, e exhortamos no Senhor, que de nenhuma sorte permittais, que a respeito de taõ importante materia falte e Vós alguma parte daquella vigilancia, e cuidado, que saõ inseparaveis do vosso ministerio, com grave detrimento das vossas Pessoas, e dignidades; mas que antes, unindo os vossos disvelos com as diligencias dos Ministros Regios, deis a cada hum delles as mais evidentes provas de que os Ecclesiasticos, Pastores de Almas, abrazados com o fogo da

Textos teológicos e pontifícios

caridade Sacerdotal, se inflammaõ ainda mais, do que os mesmos Ministros Seculares, no zelo de soccorrerem os Indios, e de os conduzirem ao gremio da Igreja Catholica. Além do que Nós de authoridade Apostolica, pelo teor das presentes Letras, renovamos, e confirmamos o Breve de Paulo III., de feliz memoria, nosso Predecessor, expedido a D. Joaõ de Taveira, Cardeal da Santa Igreja Romana, e Arcebispo de Toledo, na data de XXVIII de Mayo de M.D.XXXVII. como tambem o de Urbano VIII., de feliz recordaçaõ, tambem nosso Predecessor, dirigido ao Colleitor geral, que, então era nos Reynos de Portugal, e dos Algarves, na data de XXII de Abril de M.DC.XXXIX. E insistindo nos mesmos Decretos de Paulo, e Urbano, nossos Antecessores, para reprimir a ousadia, e a impia temeridade daquelles, que devendo attrahir com todos os officios da Caridade, e mansidaõ Christã os sobreditos Indios para receberem a Fé de Christo, os apartaõ della pela deshumanidade, com o que os trataõ: vos ordenamos, e mandamos a Vós, e a vossos Sucessores, que cada um per si, ou pelos seus Ministros, assistindo com o soccorro de huma eficaz protecçaõ a todos os Indios habitantes das Provincias do Paraguay, do Brasil, das margens do Rio Prata, e de quaesquer outros lugares, e terras das Índias Occidentaes, e Meridionaes; mandeis affixar Edictos publicos, pelos quaes apertadamente se prohiba, debaixo da pena de Excommunhaõ *latae sententiae* (da qual os transgressores não poderaõ ser absolutos, senaõ por Nós, e pelos Romanos Pontifices, que nos succederem, salvo se for no artigo de morte, dando primeiro huma competente satisfação) que alguma Pessoa, ou seja Secular, ou Ecclesiastica, de qualquer estado, ou sexo, gráo, condiçaõ, e dignidade, posto que della se devesse fazer especial, e expressa mençaõ; ou seja de qualquer Ordem, ou Congregaõ, ou ainda da Companhia de JESUS, ou de qualquer outra Religiaõ, Instituto de Mendicantes, ou naõ Mendicantes, de Monacaes, ou de quaesquer Ordens Militares; e ainda da dos Cavalleiros do Hospital de Saõ Joaõ de Jerusalem; se atreva, nem attente daqui em diante fazer escravos os referidos Indios, vendellos, comprallos, trocallos, ou dallos; separallos de suas mulheres, e filhos; despojallos de seus bens, e fazendas; levallos para outras terras; transportallos, ou por qualquer modo privallos da sua liberdade, e retêllos em escravidão; nem taõ pouco dar conselho, auxilio, favor, e ajuda aos que isto fizerem, debaixo de qualquer côr, ou pretexto que seja; nem prégarem, ou ensinarem que os referidos

116   Cadernos de Literatura de Viagens

factos saõ licitos; nem cooperarem para elles por qualquer modo, ou maneira: Declarando Vós os transgressores, e rebeldes, que vos naõ obedecerem aos ditos respeitos, por incursos na mesma pena de Excommunhão *latae setentiae*: E cohibindo-os com todas as outras Censuras, e penas Ecclesiasticas, e pelos meyos mais proprios, e efficazes de feitio, e de Direito; sem que sejaõ admittidos a apellarem destes procedimentos.

....

E entretanto, Veneráveis Irmãos, vos lançamos amantissimamente para o bom sucesso desta Commissão a Apostolica Bençaõ, com huma abundante copia das celestiaes graças. Dado em Roma junto a Santa Maria Mayor, debaixo do Annel do Pescador, no dia XX de Dezembro do anno de M. CDD. XLI, e segundo do nosso Pontificado.

D. Cardeal Passionei.

Impresso em Roma no anno de M. DCC. XLII.
Na Officina da Reverenda Camera Apostolica.

....

E para que esta Constituiçaõ tenha a sua devida observancia, a mandamos publicar: ordenando que, depois de publicada, se affixe em alguma das partes interiores da nossa Cathedral; prohibindo com pena de Excommunhaõ mayor, a Nós reservada, que nenhuma Pessoa, de qualquer genero, ou qualidade que seja, se atreva a rasgalla, ou extrahilla da dita parte, sem especial licença nossa. Dada nesta Cidade de Belém do Graõ-Pará, sob nosso final, e sello das nossas Armas, e passada pela Chancelaria aos vinte e nove de Mayo de mil setecentos e cincoenta e sete. E eu Manoel Ferreira Leonardo, Secretário de Sua Excelência, a escrevi.

Frei M. Bispo do Pará."

Papa Bento XIV, Bula "Imensa Pastorum", *in Collecçaõ dos Breves Pontificios, e Leys Regias, que foraõ expedidos, e publicadas desde o anno 1741, sobre a liberdade das pessoas, bens, e commercio dos indios do Brasil...*, Lisboa, Impressa na Secretaria de Estado, 1759, pp. 3-6.

b) Textos Régios

A PRIMEIRA LEI PORTUGUESA
CONTRA A ESCRAVATURA DOS ÍNDIOS

D. SEBASTIÃO

(N. 1554 – M. 1578) A intervenção de D. Sebastião nos assuntos do governo do Brasil foi profundamente determinada pela sua relação com os missionários ultra-marinos, especialmente com o Padre Manuel da Nóbrega. A sua fervorosa dedicação à causa da evangelização cristã provém de uma educação profundamente religiosa a cargo de padres jesuítas, pregadores com uma tradição missionária arraigada. De facto, esta influência levou-o a imiscuir-se nos assuntos legais da Ordem da Compa-nhia de Jesus. Pela altura em que uma Carta foi enviada em seu nome a S. Francisco de Borja[1] a fim de reafirmar as promulgações do Breve *Licet Debitum* de Paulo III, que proibia a transferência dos jesuítas para outras Ordens, o rei contava apenas com dez anos de idade. Apesar de ainda muito novo para tomar conscientemente qualquer decisão e discernir o poder das suas ações, todas estas deliberações tomadas pelo seu tio, o Cardeal Dom Henrique, condicionaram o seu desempenho futuro. Proximamen-te a 1570 é confirmada a lei de compra e venda de escravos pela Junta da Baía, cuja constituição fora ordenada por D. Sebastião. Manuel da Nóbrega, embora fazendo parte do concelho de administração, não pode estar presente, divulgando posteriormente o seu parecer[2]. É tendo em conta as considerações de Nóbrega que D. Sebastião, aperce-bendo-se dos maus tratos e injustiças sofridas pelos índios, proibiu a escravatura no Brasil (excetuando os cativos aprisionados em "guerra justa"), assinando com a Lei de 20 de Março de 1570 uma nova página na história ultramarina portuguesa.

"Dom Sebastião por graça de Deos Rey de Portugal, e dos Algarves daq^m e d'alem mar em Affrica Senhor de Guine, e da Con-quista navegação commercio da Etiopia Arabia Percia e da India V.ª Faço Saber aos que esta ley virem, que sendo eu informado dos modoz illicitos que existem nas partes do Brazil, em captivar os

---

[1] Serafim Leite reproduz esta Carta nas *Novas Páginas de História do Brasil*, Lisboa, Academia Portuguesa da História, 1962, pp.319-324.

[2] Serafim Leite, *Suma Histórica da Companhia de Jesus no Brasil*, Lisboa, Junta de Investigações do Ultramar, 1965.

Gentios das dittas partes, edos grandes inconvenientes que disso nascem, afim q as consciencias das pessoas, que os captivaõ pellos dittos modos, como para o que toca o meu serviço, e bom conservaçaõ do estado das dittas partes, e parecendo-me que convinha muito ao serviço de Nosso Senhor, prover nisso em maneira que s e atalhasse aos dittos inconvinientes, mandey ver ocazo na Meza da consciencia, pellos Deputados do Despacho della, e por outros letrados e conformando-me nisso com sua concideraçaõ, digo com sua determinação, e parecer: defendo emando que daqui em diante, senão uze nas dittas partes do Brazil, dos modos que se até agora uzou em trazer captivos os dittos Gentios, nem se possaõ captivar por modo nem maneira alguma salvo aquelles que forem tomados em guerra justa, que os Portuguezes fizerem aos dittos Gentios com auttoridade, e Licença minha ou do meu Governador das dittas partes ou aquelles que costumaõ sealtear os Portuguezes, ou outros Gentios para os comerem, assim como saõ os que se chamam Aymures e outros semelhantes, e as pessoas que pellas dittas maneiras licitas captivaram os dittos Gentios, seraõ obrigadas dentro de dous mezes primeiros seguintes que se começaram do tempo em que os captiveiros nem fazerem escrever os taes Gentios captivos nos Livros das Provedoryas das dittas partes, para se poder ver, e saber quaes saõ os que licitamente faraõ captivos, não o cumprindo assim no ditto tempo, de dous mezes, hey por bem que percaõ a acçaõ dos dittos captivos, e Senhorio, e por que esse mesmo feito sejaõ forros, e livres, cós Gentios que por qualquer outro modo, ou maneira forem captivos nas dittas partes, declaro por livres, q as pessoas que os captivarem naõ tenhaõ nellas direito, nem Senhorio algum e mando ao meu Governador das dittas partes do Brazil, e ao Ouvidor geral dellas, e aos Capitaens das Capitanias e aos Seus Ouvidores, e a todos as Justissas Officiaes e pessoas das dittas partes que cumpraõ, e façaõ inteiramente cumprir, e guardar esta Ley, como senella conttém, e ao Chanceler mor, que a publique na Chancelaria, e envio o treslado della sob seu signal, e meu Sello por trez, ou quatro vias, às dittas partes do Brazil; e mando aos Governadores das dittas partes, que a faça publicar em todas as Capitanias, e povoaçoenes dellas, e registar nos livros de Chancelaria da Ouvedoria Geral, nos livros das Camaras dos Lugares, das dittas Capitanias, para que a todos seja notorio, e se cumpra inteiramente, e assim se registará este

Textos Régios

no livro da meza do Despacho dos meus Dezembargadores do Paço, nos livros das Relaçoens das cazas da Suplicação e do Civel, em que se registaõ as semelhantes leys. Dada em a Cidade de Evora aos vinte dias de mez de Março, Gaspar de Seixas a fez, Anno do nascimento de Nosso Senhor de Jezus Christo de mil quinhentos, e Setenta, Jorge da Costa a fez escrever."

D. Sebastião, *Ley sobre aliberdade dos Gentios das Terras do Brazil, e em q casos S podem, ou naõ podem captivar*, Lisboa, Biblioteca Nacional, Fundo Geral, Manuscrito 801, fl. 105 v.

AS NOVAS BASES ADMINISTRATIVAS E CIVILIZACIONAIS DA BAÍA

TOMÉ DE SOUSA

(N. 1503 – M.1579) Nomeado primeiro Governador-Geral do Brasil por D. João III, em 1548, Tomé de Sousa interveio na difícil administração das colónias brasileiras quando as capitanias hereditárias falharam como método governativo. No final desse ano, e antes de embarcar, compõe o *Regimento*, documento que firma as bases da administração não só da capitania da Baía como de todo o Brasil. Entre outras medidas de proteção contra a invasão dos franceses, planeia a organização do comércio e da administração, bem como as regras de trato para com os índios, visados não como escravos mas como potenciais cidadãos cristãos a quem se deveria conceder um tratamento justo na aplicação das suas penas, tal como a qualquer colono. Um ano depois partiu com administradores, colonos e funcionários de diversas áreas e funções em direção à Baía de Todos os Santos, erigindo, com a ajuda dos indígenas, as fundações da cidade de São Salvador. O governo da Colónia ficara imediatamente entregue a um Concelho deliberativo organizado por Tomé de Sousa que, por sua vez, nomeou responsáveis pela direção de justiça, pelos negócios da fazenda e pela junta de defesa marítima. No final desse ano, São Salvador possuía já uma Câmara Municipal.

"Eu, el Rey ffaço saber a vos, Tome de Sousa ffidalguo de minha casa que vemdo Eu quamto serviço de Deus e meu he conservar e nobrecer as capitanias e povoações das terras do Brasill e dar ordem e maneira com que milhor e mais seguramente se posão ir povoando pera eixalçamento da nosa santa fee e proveito de meus reinos e senhorios e dos naturais deles ordenei ora de mandar nas ditas terras ffazer hûa fortaleza e povoação grande e forte em hum luguar conveniente pera dahy se dar favor e ajuda as outras povoações e se menistrar justiça e prover nas cousas que comprirem a meu serviço e aos negocios de mynha fazenda e a bem das partes; e por ser enformado que a Bahia de Todolos Santos he o lugar mais conveniente da costa do Brasill pera se poder fazer a dita povoação e

122   Cadernos de Literatura de Viagens

asento, (...) ey por meu serviço que na dita Bahia se faça a dita povoação e asento (...).

....

Tamto que cheguardes a dita Bahia tomareis pose da cerqua que nela esta que fez Francisco Pereira Coutinho a qual sou enformado que esta ora povoada de meus vasalos e que he favorecida de allgûs jemtios da terra e esta de maneira que pacificamente sem registemcia podereis desembarcar e apousentarvos nela com a jemte que comvosquo vay e semdo caso que a não acheis asy e que está povoada de jemte da terra trabalhareis pela tomar o mais de voso salvo e sem periguo da jemte que poder ser fazemdo guerra a quem quer que vos registir e o tomardes pose da ditta cerqua seraa em cheguando ou depois em quallquer tempo que vos parecer mais meu serviço.

....

Eu são emformado que a jemte que posue a ditta terra da Bahia he hua pequena parte da linhagem dos topinambais e que poderáa aver deles nela de cinco até seis mil homens de peleja (...) e asy sou enformado que no ano de 45, estando Francisco Pereyra Coutynho por capitão da dita Bahia allgua desta jente lhe fez guerra e o lamçou da terra e estruyo as fazemdas e fez outros muytos danos aos christãos de que outros tomarão eyxempro o fezerão o semelhante em outras capitanias e que allgûus outros jemtios da dita Bahia não comsentirão nem forão no dito alevantamento amtes esteverão sempre de paz e estão ora em companhia dos cristãos e os ajudão e que asy estes que ahy estão de paz como todas as outras nações da costa do Brasill estão esperando para ver o castiguo que se daa aos que primeiro fizerão os ditos danos pelo que cumpre muito a serviço de Deus e meu os que asy alevamtarão e fizerão guerra serem castiguados com muito riguor por tamto vos mando que, como cheguardes à dita Bahia vos enformeis de quaes são os jemtios que sosteverão a paz e os favoreçais de maneira que sendo vos necesario sua ajuda a tenhais certa. E tanto que a dita cerqua for repairada e esteverdes provido do necesario e o tempo vos parecer disposto pera iso praticareis com pesoas que o bem entendão a maneira que tereis pera poder castiguar os culpados e mais a voso salvo e com menos risquo de jemte que poder ser e como o asy tiverdes praticado o

Textos Régios

poreis em ordem destruindo lhe suas aldeas e povoações e matando e cativando aquela parte deles que vos parecer que abasta para seu castiguo e exempro de todos e dahi em diamte pedindo vos paz lha concedais damdo lhe perdão e iso será porem com eles ficarem reconhecendo sogeição e vasalagem e com encargo de darem cada hum ano allguns mantimentos pera a jemte da povoação e no tempo que vos pedirem paz trabalhareis por aver a voso poder allgûns dos principaes que forão no dito alevantamento e estes mandareis per justiça enforcar nas aldeas donde erão principaes.

Por que são enformado que a linhajem dos topeniquẽes destas capitanias são imiguos dos da Baía e desejão de serem presentes ao tempo que lhe ouverdes de fazer guerra pera ajudarem nela e povoarem allgûa parte da terra da dita Bahia e que pera isso estão prestes sprevo também aos ditos capitães que vos enviem allgûa jemte da dita linhajem e asy mesmo lhes sprevereis e lhe mandareis dizer que vos fação saber de como a terra está e da jemte armas e monições que têm e se estão em paz ou em guerra e se tem necesidade de allgua ajuda vosa e aos cristãos e jemtios que das ditas capitanias vierem ffazeis bem agusalhar e os favoreceis de maneira que folgem de vos ajudar em quanto teverdes deles necessidade e porem os jemtios se aguasalharão em parte omde não posão fazer o que não devem porque não he rezão que vos fieis deles tanto que se posa diso seguir algum mor recado e tamto que os poderdes escusar os espedireis e se allguns dos ditos jemtios quiserem ficar na terra da dita Bahia dar lheis terras pera sua vivenda de que sejão comtentes omde vos bem parecer.

....

Eu são emformado que os jemtios que abitão ao longuo da costa da capitania de Jorge de figueiredo da villa de São Jorge atee a dita Bahia de Todolos Samtos são da linhajem dos Topynambaes e se alevantarão ja per vezes contra os christãos e lhes fizeram muitos danos e que ora estão ainda alevantados e fazem gerra e que seraa muito serviço de Deus e meu serem lançados fora desa terra pera se poder povoar asy dos christãos como dos jemtios da linhagem dos Topiniquins que dizem que he jemte pacifica e que se oferecem a os ajudar a lançar fora e a povoar e defender a terra, pelo que vos mando que escrevaes aa pesoa que estiver por capitão na dita capita-

124   Cadernos de Literatura de Viagens

nia de Jorge de Figueiredo e a Afonso Alluares provedor de minha fazemda em ela e a algûas outras pesoas que vos bem parecer, que venhão aa dita Bahia e tamto que nela forem praticareis com ele e com quaesquer outras pesoas que nisso bem entendão a maneira que se teraa pera os ditos jemtios serem lançados da dita terra e o que sobre iso asentardes poreis em obra tamto que vos o tempo der luguar pera o poderdes fazer com os jentios das terras Peraaçuy e de Tatuapara e com quaesquer outras nações de jemtios que ouver na dita capitania da Bahia asemtareis paz e trabalhareis para que se conserve e sostemte pera que nas terras que abitão posão seguramente estar christãos e aproveitallas e quoando sobceder algum alevamtamento acudireis a iso e trabalhareis para apacificar tudo o milhor que puderdes castigando os culpados.

....

E asy ordenareis que nas ditas vilas e povoações se faça em hum dia de cada somana ou mais se vos parecerem neçesarios feira a que os jemtios posão vir vender o que teverem e quiserem e comprar o que ouverem mester e asy ordenareys que os christãos não vão as aldeas dos jemtios a tratar com eles salvo os senhorios e jemte dos emjenhos porque estes poderão em todo o tempo tratar com os jemtios das alldeas que estiverem nas terras e limites dos ditos emjenhos e porem parecendo vos que fara inconveniente poderem todos os de cada enjenho ter libardade pera tratarem com os ditos jentios segundo forma deste capitolo e que sera milhor ordenar se que hûa so pesoa em cada emjenho o faça, asy se fará.

E temdo allguns christãos necesidade de em allguns outros dias que não forem de feira comprar allgûas cousas dos dytos jemtios o dirão ao capitão e ele dara licença pera as irem comprar quoamdo e omde lhe bem parecer.

....

Porque a principal cousa que me moveo a mandar povoar as ditas terras do Brasill foi pera que a jente dela se comvertese a nosa santa fee catolica vos encomendo muito que pratiqueis com os ditos capitaes e oficiaes a milhor maneira que pera iso se pode ter e de minha parte lhes direis que lhes aguardecerei muyto terem espiciall cuidado de os provocar a serem christãos e pera eles mais folguarem

Textos Régios

de ho ser tratem bem todos os que forem de paz e os favoreçam sempre e não consymtão que lhes seja feita opresão nem agravo allgum e fazendo se lhe lho fação correger e emmendar de maneira que fiquem satisfeitos e as pesoas que lhas fizerem sejão casteguados como for justiça.

....

Eu são emformado que nas ditas terras e povoações do Brasill aa allguas pesoas que tem navios e caravelas e amdão neles de hûas capitanias pera outras e que per todallas vias e maneiras que podem salteam e roubam os jemtios que estão de paz e enguanosamente os metem nos ditos navios e os levão a vender e seus imiguos e a outras partes e que por iso os ditos jemtios se alevantão e fazem guerra aos christãos, e que esta foy a principall causa dos danos que ateeguora são ffeitos e porque cumpre muitos a serviço de Deus e meu prover se nisto de maneira que se evite ey por bem que daquy em diamte pesoa allgûa de qualquer calidade e condição que seja não vaa saltear nem ffazer guerra aos jemtios per terra nem per maar em seus navios nem em outros allguûs sem vosa licença ou do capitão da capitania de cuja jurdição for posto que os taes gentios estem alevantados e de guerra (...).

....

Por quamto per direito e polas leis e ordenações destes reinos he mandado que se não dem armas a mouros nem a outros imfieis porque de se lhe darem se segue muito deserviço de Nosso Senhor e prejuizo aos christãos mando que pesoa allgûa de quallquer calidade e condição que seja não dê aos jentios da dita terra do Brasill artilharia (...); e qualquer pesoa que o contrairo fizer mora por isso morte natural e perca todos os seus beis ametade pera os cativos e a outra metade pera quem o acusar (...).

....

Encomendo vos e mando vos que as cousas conteudas neste regimento cumprais e façais cumprir e guardar como de vos comfio que o fareis. Jeronimo Correa a ffiz em Allmeirim aos xbij de dezembro de 1548.

....

126   Cadernos de Literatura de Viagens

Posto que em alguûs capitolos deste regimento vos mando que façais guerra aos gemtios da maneira que nos ditos capitolos se conthem e que trabalheis para castiguardes os que forem culpados nas cousas pasadas avendo respeito ao pouco entendimento que esa gemte ateeaguora tem a qual cousa demenue muyto em suas culpas e que pode ser que muytos estarão arrependidos do que fizerão averey por meu serviço que conhecendo eles suas culpas e pedindo perdão dela se lhes conceda e ainda averey por bem que vos pela milhor maneira que poderdes os traguaes a iso porque como o principal intento meu he que se convertão a nosa samta fee loguo he rezão que se tenha com elles todos os modos que puderem ser para que o façais asy. E o princepal a de ser escusardes fazerde lhes guerra porque com ela se não pode ter a comunicação que convem que se com elles tenha para o serem.

....

Porque parece que será grande inconveniente os gemtios que se tornaram christãos morarem na povoação dos outros e andarem mesturados com elles e que será muito serviço de Deus e meu apartarem nos de sua conversação vos encomendo e mando que trabalheis muyto por dar ordem como os que forem christãos morem juntos perto das povoações das ditas capitanias pera que conversem com os christãos e não com os gentios e posam ser doutrinados e ensinados nas cousas de nosa santa fee e aos meninos porque nelles enprimiram melhor a doutrina trabalhareis por dar ordem como se fação christãos e que sejão insinados e tirados da conversação dos gentios e aos capitaes das outras capitanias direis de minha parte que lhe guardecereis muyto ter cada hum cuidado de asy o fazer em sua capitania e os meninos estarão na povoação dos portugueses e em seu ensino folguaria de se ter a maneira que vos dixe."

(...)

Tomé de Sousa, "Regimento de 17 de dezembro de 1548 ", *in* Carlos Malheiro Dias (coord. e dir.), *História da Colonização Portuguesa do Brasil*, Porto, Litografia Nacional, 1924, pp. 345-350.

LEIS DE FILIPE II
SOBRE A CUSTÓDIA DOS ÍNDIOS

FILIPE II

(N. 1578 – M. 1621) Filipe II de Portugal e III em Espanha. Nasceu em Madrid e subiu ao trono em 1598. Demitiu os ministros do pai e nomeou outros mais jovens. De carácter fraco, era dominado pelo seu ministro e vice-rei de Portugal, o duque de Lerma, D. Cristóvão de Moura. Não conseguiu manter os territórios conquistados pelos seus antecessores, perdendo a Holanda em 1609. Expulsou definitivamente os descendentes dos mouros da Espanha, arruinando assim a sua agricultura e indústria. Em Portugal, protegeu os judeus dos rigores da Inquisição. Em 1604, criou o Conselho da Índia e estabeleceu a paz com a Inglaterra. Publicou a reforma das Ordenações do reino em 1603, publicando as Ordenações Filipinas, válidas para Portugal e Ultramar.

A polémica questão da divisão de poderes entre os religiosos e as autoridades governamentais marcou a tónica que, durante os primeiros cem anos de colonização, conduziu à promulgação de várias leis e provisões que tentavam definir a custódia e trato dos índios.

A pouca transparência das leis permitia que fossem interpretadas de acordo com a necessidade e o interesse imediato de quem a elas recorria. O seu carácter de acomodação não chegava a satisfazer a nenhuma das partes implicadas, sobretudo a mais interessada – o índio. Em nenhum momento elas chegaram a produzir o resultado a que se propunham, ou seja, o de garantir a liberdade dos índios e a sua integração social. Disso são exemplo as leis de 1609 e 1611, de Filipe II.

Lei de 30 de Julho de 1609

"Eu EL-REI Faço saber aos que esta Lei virem, que, sendo o Senhor Rei Dom Sebastião, meu Primo, que Deus tem, informado dos modos illicitos com que nas partes do Brazil se captivavam os gentios, e dos grandes inconvenientes que disso resultavam, defendeu por uma Lei, que fez em Evora a 20 de março de 1570, os ditos modos illicitos, e mandou que, por modo, nem maneira alguma, os podessem captivar, salvo aquelles, que fossem tomados em justa guerra, que se fizesse com sua licença, ou do Governador das ditas partes; e os que salteassem os portuguezes e a outros gentios, para os comerem; – com declaração, que as pessoas, que pelas ditas maneiras os captivassem, dentro de dous mezes primeiros seguintes, os fizessem escrever nos livros das Prevedorias das ditas partes, para se poder saber quaes eram os que licitamente foram captivos; e não os fazendo escrever dentro no tempo dos ditos dous mezes, perdessem a acção de os terem por captivos, e os gentios ficassem livres, e todos os mais, que por qualquer modo se captivassem.

E El-Rei Meu Senhor, que Santa Glória haja, por atalhar os meios paleados, de que os moradores do Brazil usavam, para, com pretexto de justa guerra, os captivarem, houve por bem de revogar a dita Lei, por outra, que fez em 11 de Novembro do anno de 1595, pela qual mandou que em nenhum caso os ditos gentios fossem captivos, salvo aquelles, que se captivassem na guerra, que por Provisões particulares, por elle assignadas, mandasse que se lhes fizesse; e os que por qualquer outra maneira fossem captivos os havia tambem por livres; e que como taes não podessem ser constrangidos a cousa alguma, como mais largamente se contém nas ditas Leis.

E por quanto fui informado, que, sem embargo das declarações da dita Lei, não cessavam grandes inconvenientes, contra o serviço de Deus, e meu, e consciencia dos que assim os captivavam, com grande perda das fazendas d'aquelle Estado; mandei, por uma Provisão de 5 de junho de 1605, que em nenhum caso se podessem os ditos gentios captivar; porque, posto que por algumas razões justas de direito se possa em alguns casos introduzir o dito captiveiro, são de tanto maior consideração as que há em contrario, principalmente pelo que toca á conversão dos gentios á nossa Santa Fé Catholica, que se devem antepôr a todas as mais; e assim pelo que convém ao bom governo, e conservação da paz daquelle Estado.

E para se atalharem os grandes excessos, que poderá haver, se o dito captiveiro em algum caso se permitir, para de todo se cerrar a porta a isto, com o parecer dos do meu Conselho, mandei fazer esta Lei, pela qual declaro todos os gentios d'aquellas partes do Brazil por livres, conforme a Direito, e seu nascimento natural, assim os que já forem baptizados, e reduzidos á nossa Santa Fé Catholica, como os que ainda viverem como gentios, conforme a seus ritos, e

Textos Régios

ceremonias; os quaes todos serão tratados, e havidos por pessoas livres, como são; e não serão constrangidos a serviço, nem a cousa alguma, contra sua livre vontade; e as pessoas, que delles se servirem nas suas fazendas, lhes pagarão seu trabalho, assim, e de maneira, que são obrigados a pagar a todas as mais pessoas livres, de que se servem.

E pelo muito que, convém á conservação dos ditos gentios, e para poderem, com liberdade e segurança. morar e commerciar com os moradores das Captanias, e para o mais, que convier a meu serviço, e beneficio das fazendas de todo aquelle Estado, e cessem de todos os enganos, e violencias, com que os Capitães, e moradores, os traziam do Sertão; pelo que convém ao serviço de Deus, e meu, e por outros justos respeitos, que a isso me movem:

Hei por bem, que os Religiosos da Companhia de Jesus, que ora estão nas ditas partes, ou ao diante a ellas forem, possam ir ao Sertão, pelos muitos conhecimentos e exercicio, que desta materia tem, e pelo credito, e confiança, que os gentios delles fazem, para os domesticarem, e assegurarem em sua liberdade, e os encaminharem no que convém ao mesmo gentio, assim nas cousas de sua salvação, como na vivenda commua, e commercio com os mercadores daquellas partes.

....

E em quanto nas ditas povoações estiverem os ditos Religiosos da Companhia, os terão a seu cargo, assim no que convém ao espiritual da doutrina christã, como ao que, para, quando forem necessarios para meo serviço, os apresentar ao Governador, ou Capitão Geral, a que tocar; e para as pessoas que delles se houverem de servir, em suas fazendas, os acharem com mais facilidade.

....

(...) e por esta revogo todas as Leis, Regimentos, e Provisões, que até agora são feitas, e passadas por mim, e pelos Reis meus antecessores, sobre a liberdade dos gentios do Estado do Brazil.

E esta hei por bem, e mando, que somente tenha força e vigor, e se guarde inviolavelmente, sem se poder dar declaração, nem limitação, á minha vontade, que por ella declaro.

....

130 Cadernos de Literatura de Viagens

e que se registe nos Livros do Desembargo do Paço, e de ambas as Relações, aonde semelhantes Leis, e Ordenações se costumam registar; e assim se registará nos Livros da Relação do Brazil, e em todos os das Provedorias, e Capitanias daquelle Estado; e se enviará ao Sertão, e terras, aonde os ditos gentios moram, par vir á noticia de todos, e como os hei, e declaro a todos livres, e senhores de suas fazendas, para com mais facilidade poderem commerciar nas ditas Capitanias.

Antonio de Almeida a fez, em Madrid, a 30 de Julho de 1609. Francisco Pereira de Bitancur a fez escrever. = REI."

Filipe II, "Lei de 30 de Julho de 1609", *in* José Justino de Andrade e Silva, *Collecção Chronologica da Legislação Portugueza – 1603-1612,* Lisboa, Imprensa de J. J. A. Silva, 1854, pp. 271-273.

Lei de 10 de setembro de 1611

"Dom Filipe, por Graça de Deus, Rei de Portugal e dos Algarves, etc. faço saber aos que esta Lei virem, que (...)

....

(...) mandei, por minha Provisão, passado em cinco de Junho de 1605, que em nenhum caso se podessem os ditos Gentios captivar.

E por Lei, feita em trinta de Junho 1609, os declarei a todos por livres, conforme a Direito, e seu nascimento natural, com outras declarações e cousas conteudas na dita Lei.

E tornando-a ora a mandar ver, e a considerar os inconvenientes, que se representaram, conforme a importancia de materia; e queren-do atalhar a elles, e aos que audiante se podem seguir, e juntamente provêr, (...) mandei ultimamente fazer esta Lei; pela qual, pela dita maneira declaro todos os Gentios das ditas partes do Brazil livres, conforme a Direito, e seu nascimento natural, assim os que forem já baptizados e reduzidos à Nossa Santa Fé Catholica, como os que ainda viverem como Gentios, conforme a seus ritos e ceremonias, e que todos sejam tratados e havidos por pessoas livres, como são, sem poderem ser constrangidos a serviço, nem a cousa alguma, contra sua livre vontade; e as pessoas, que delles se servirem, lhes pagarão seu trabalho, assim e da maneira que são obrigados a pagar a todas as mais pessoas livres.

Porém, succedendo caso que os ditos Gentios movam guerra, rebellião e levantamento, fará o governador do dito Estado, Junta, com o Bispo, sendo presente, e com o Chanceller e Desembargadores da Relação, e todos os Prelados das Ordens, que forem presentes no logar, aonde se fizer a tal Junta, e nella se averiraguará, se convem, e é necessario ao bem do Estado, fazer-se guerra ao dito Gentio, e se ella é justa; e do assento, que se tomar, se me dará conta, com relação das causas, que para isso ha, para eu as mandar ver; e approvando, que se deva fazer a guerra, se fará; e serão captivos todos os Gentios, que nella se captivarem.

....

(...) e os Gentios, que se captivarem, se assentarão em livro, que para isso se fará, por seus proprios nomes, e logares donde são, com declaração de suas idades, signaes e circumstancias que houver em seu captiveiro; e as pessoas que os captivarem, e a que pertencerem, os terão como captivos, sendo feitas as ditas diligencias; porque não as fazendo, não os serão; e com ellas não os poderão vender, até eu ter confirmado o assento que se tomar, sobre se fazer a tal guerra; e confirmando-o eu, poderão fazer delles o que lhes bem estiver, como seus captivos, que ficarãp sendo livremente; e não o confirmando, se cumprirá o que sobre isso mandar.

E porque tenho intendido que os ditos Gentios tem guerras uns com os outros, e costumam matar e comer todos os que nella se captivam, o que não fazem, achando quem lh'os compre; desejando prover com remedio ao bem delles, e salvação de suas almas, que se deve antepôr a tudo; e considerando, como é certo, que nenhuma pessoa quererá dar por elles cousa alguma, não lhe havendo de ficar sujeitos: hei por bem, que sejam captivos todos os Gentios, que, estando presos e captivos de outros para os comerem, forem comprados, justificando os compradores delles, pelas pessoas que, conforme a esta Lei, podem ir ao Sertão com ordem do Governador, que os compraram, estando, como fica dito, presos de outros Gentios para os comerem (...).

....

E pelo muito que convém á conservação dos ditos Gentios, e poderem com liberdade e segurança morar, e commerciar com os moradores das Capitanias, e para o mais, que convier a meu serviço, e beneficio das fazendas de todo aquelle Estado do Brazil, e cessarem os enganos e violencias, com que muitos eram trazidos do Sertão (...).

....

E vindo os ditos Gentios, o Governador os repartirá em povoações de até trezentos casaes, pouco mais ou menos, limitando-lhes sitio conveniente, onde possam edificar a seu modo, tão distantes dos engenhos e matas do páu do Brazil, que não prejudicar a uma cousa, nem a outra.

....

Em cada uma das ditas Aldêas haverá uma Igreja, e nella um Cura, ou Vigario, que seja Clerigo Portuguez, que saiba a lingua; e em falta delles, serão Religiosos da Companhia; e em sua falta, das outras Religiões; os quaes Curas, ou Vigarios, serão apresentados por mim, ou pelo Governador do dito Estado do Brazil, em meu nome, e confirmados pelo Bispo; e pelo dito Bispo poderão ser privados, quando das visitações resultarem contra elles culpas, por que o mereçam; e posto que taes Vigarios e Curas sejam Regulares, ficarão subordinados ao Ordinario, no que toca o seu officio de Curas, conforme ao Sagrado Concilio Tridentino; e assim se declarará nas Cartas, que se lhes passarem.

Nas Aldêas, que se fizerem dos ditos Gentios viverão juntamente os ditos Capellães, ou Vigarios, para os confessarem, sacramentarem, ensinarem, e doutrinarem nas cousas de sua Salvação.

E assim viverão nellas os Capitães, cada um na sua, com sua mulher e familia, para os governarem em sua vivenda commus, e commercio com os moradores d'aquellas partes, assistindo muito particularmente a seu governo, e tratando de tudo o que convém, assim para cultivarem a terra, como para aprenderem as artes mechanicas; e quando forem necessarios para meu serviço, os apresentarem ao Governador, ou Capitão Geral, a que tocar (...).

....

Textos Régios

E por quanto sou informado, que, em tempo de alguns Governadores passados d'aquelle Estado se captivarem muitos Gentios, contra a forma das Leis d'El-Rei, meu Senhor e Pai, e do Senhor Rei Dom Sebastião, meu Primo que Deus tem, e principalmente nas terras de Jaguaribe – hei por bem, e mando, que, assim os ditos Gentios, como outros quaesquer, que, até a publicação desta Lei, forem captivos, sejam todos livres, e postos em sua liberdade (...).

....

E por esta revogo todas as ditas Leis, e Provisões atraz declaradas, e todas e quaesquer outras Leis, Provisões e Regimentos, que atégora são feitas e passadas por mim, e pelos Reis, meus antecessores, sobre a Liberdade dos ditos Gentios do Estado do Brazil, e seu governo, e esta somente quero, que tenha força, e vigor, e se cumpra e guarda inviolavelmente sem lhe poder dar declaração, ou interpretação alguma, por assim ser minha tenção, e vontade.

....

Simão Luiz á fez, em Lisboa, a dez de Setembro. Anno do Nascimento de Nosso senhor Jesu Christo de 1611. E eu o Secretario Antonio Viledesumas a fiz escrever. = ELREI."

Filipe II, "Lei de 10 de setembro de 1611", *in* José Justino de Andrade e Silva, *Collecção Chronologica da Legislação Portugueza – 1603-1612,* Lisboa, Imprensa de J. J. A. Silva, 1854, pp. 309-312.

A NOVA ADMINISTRAÇÃO ÍNDIA ENTREGUE À COMPANHIA DE JESUS

D. Pedro II

(N. 1648 – M. 1706) Se se pensar que o reinado de D. Pedro II sucedeu uma série de condicionantes que espoletaram a deposição de D. Afonso VI (não excluindo a ativa participação do rei, então Infante, nessa decisão), concluimos que o governo deste Regente não poderia caracterizar-se senão pela assertividade nas decisões que mudariam o rumo das relações sócio-políticas de Portugal com as outras potências europeias. Seguindo o legado do seu irmão na luta pela independência, D. Pedro II consolidou a posição de Portugal face aos castelhanos com a assinatura do Tratado de Madrid. Ao afastar-se cada vez mais de França e da Holanda, Portugal reafirmava as suas relações com Inglaterra ao assinar, em 1703, o Tratado de Methuen. Este pacto só não arruinou por completo o monopólio de comércio que Portugal mantinha no Brasil porque ficara estabelecido que Portugal doaria parte das suas praças indianas ao ingleses, nomeadamente Tânger e Bombaim. Com o poder repartido, os ingleses dispersaram as suas atenções para a Índia, ainda que a sua presença não se deixasse de fazer notar no Rio de Janeiro e na Baía. Sob a autorização do Papa Bento XIV, eleva o bispado da Baía à categoria de arcebispado e funda os bispados de Olinda, do Rio de Janeiro e do Maranhão. Por esta altura, as disputas entre os jesuítas e os colonos a propósito da escravização dos índios dominavam ainda grande parte dos assuntos governativos. Depois de ter criado, em 1682, a Companhia do Comércio do Maranhão, D. Pedro II decretou no *Regimento das Missões* a restrinção dos privilé-gios dos jesuítas e a promulgação de novas leis que acompanhassem o crescimento das aldeias brasileiras, a braços com uma crise populacional e comercial. Abrindo caminho para a massiça exploração aurífera que viria a caracterizar o reinado do seu sucessor, D. João V, D. Pedro II mobilizou a sondagem nas minas da margem do rio da Prata.

"EU EL-REY faço saber aos que este Regimento virem, que sendo todo o cuydado de El-Rey meu Senhor, & Pay, que santa glória haja, & o meu, dar fôrma conveniente à redução do Gentio do Estado do Maranhaõ, para o gremio da Igreja, & a repartição, & ser o vício dos Indios, que depois de reduzidos assistem nas aldeas, que-rendo de tal modo satisfazer ao bem espiritual, & temporal de huns,

136 Cadernos de Literatura de Viagens

& outros, que inteyramente fosse satisfeyto o serviço de Deos, para bem de suas almas, & se encaminhasse à vida de todos com honesto trabalho della, tendose passado varias Leys, & ordens sobre esta materia, mandey promulgar a ultima de quatorze de junho de seiscentos & oitenta, entendendo por ella dar remédio aos danos, que tinhaõ succedido. Porem mostrando a experiencia que não tem sido bastante esta Ley para se cõseguir o intento della, (...) fuy servido resolver o seguinte.

[1] Os Padres da Companhia terão o governo, naõ só espiritual, que antes tinhaõ, mas o politico, & temporal das aldeas de sua administração, & o mesmo terão os Padres de Santo Antonio, nas que lhes pertence administrar; com declaraçaõ, que neste governo observaraõ as minhas Leys, & Ordens, que se não acharem por esta, & por outras reformadas, tanto em os fazerem servir no que ellas dispoem, como em os ter promptos para acodirem á deffensa do Estado, & justa guerra dos Certoens, quando para ella sejão necessarios.

....

[4] Nas aldeas não poderàõ assistir, nem morar outras algumas pessoas, mais que os Indios com as suas familias, pelo dano que fazem nellas, & achandose que nellas moraõ, ou assistem alguns brancos, ou mamalucos, o Governador os farà tirar, & apartar das ditas aldeas (...).

[5] Nenhuma pessoa de qualquer qualidade que seja poderà ir ás aldeas tirar Indios para seu serviço; ou para outro algum effeyto, sem licença das pessoas, que lha podem dar na fôrma das minhas Leys, nem os poderàõ deyxar ficar nas suas casas depois de passar o tempo em que lhe foraõ concedidos; (...).

[6] E porque sendo o Matrimonio hum dos Sacramentos da Igreja em que se requere toda a liberdade, & a certa, & deliberada vontade das pessoas que o haõ de contrair, me tem chegado noticia que algumas pessoas do dito Estado, com ambiçaõ de trazerem mais Indios a seu serviço, induzem, ou persuadem aos das aldeas, para que cazem com escravos, ou escravas suas, seguindose desta persuação a injustiça de os tirarem das ditas aldeas, & trazerem-nos para suas casas, que val o mesmo, que o injusto cativeyro, que as minhas Leys prohibem. Ordeno, & mando, que constáõ desta persuação, que no natural dos Indios, pela sua fraqueza, & ignorãcia he

inseparavel da violencia, fiquem os taes escravos, ou escravas livres, & se mandem viver nas aldeas, com a mesma liberdade que nellas vivem os Indios; & quando naõ conste da dita persuaçaõ, ou violencia, sempre em todo o caso, que os ditos casamentos se fizerem, naõ seraõ os Indios, ou Indias obrigados a sair das suas aldeas, & ficaràõ nellas como d'ante estavaõ, & para o fim do Matrimonio lhes deputarà, ou sinalarà o Bispo dias certos em que se possaõ juntar, como he de direyto.

....

[8] Os Padres Missionarios poraõ o mayor cuydado, em que se povoem de Indios as aldeas, pois a elles lhes encarrego o governo dellas, & espero que procurem por todos os meyos, naõ só a cõservaçaõ, mas o aumento dos que saõ da repartiçaõ, por ser conveniente que haja nas ditas aldeas Indios, que possaõ ser bastantes, tanto para a segurança do Estado, & deffensas das Cidades, como para o trato, & serviço dos morados, & entradas dos Certoens.

....

[11] Os sellarios dos Indios se satisfaraõ em dous pagamentos, ametade, quando forem para o serviço, & a outra ametade se entregarà no fim delle, & a fórma desta satisfaçaõ, & entrega se ordenarà pelo dito Governador com conselho, & assistencia dos ditos Padres ao mesmo tempo que se determinar a taxa dos sellarios, para que de nenhum modo possa haver engano, nem falta nos ditos pagamentos.

....

[17] Para cada huma das residencias que os ditos Padres tiverem em distancia de trinta legoas das ditas Cidades de Saõ Luis do Maranhaõ, & de Bellem, do Parà, lhe deputarà tambem o Governador vinte & sinco Indios, por serem os necessarios ao exercicio das suas Missoens; (...).

....

[20] A falta de Indios cõ que se achaõ as aldeas da repartiçaõ faz precizo, que se procurem aliviar de algum modo, que seja mais cõmodo para elles, & conveniente aos moradores, & com este

respeyto, todas as vezes que os moradores houverem de ir ao Certaõ, arbitrando-se primeyro o numero de Indios, que necessitaõ para lhe remarem as canoas se lhe darà ametade delles sómente das aldeas de repartiçaõ, & a outra ametade procuraràõ os taes moradores trazer das outras aldeas, que costumavaõ servir pela convençaõ que cõ elles faziaõ, por quanto com a taxa dos sellarios, fica remediado o damno, que sentiaõ no excesso delles (…).

[21] Naõ poderaõ entrar na repartiçaõ aquelles Indios que forem menores de treze annos como acima fica dito, nem tambem algumas mulheres desta, ou de mayor idade, mas porque na occasião em que se recolhem os frutos, que se lançàraõ à terra saõ necessarias aos moradores algumas Indias, que se chamaõ farinheyras, & tambem necessitaõ os mesmos moradores de Indias para lhe criarem seus filhos, & he razaõ que humas, & outras se occupem neste serviço sem perigo de sua honestidade encarrego muyto aos Reytores dos Collegios, & Prelados das Missoens, que elles no tempo conveniente, & necessario, fassaõ repartir, & com effeyto dem as taes Indias farinheyras, & de leyte a aquellas pessoas que as houverem de tratar bem no espiritual, & temporal, arbitrandolhe sellario que devem vencer ao tempo deste serviço, para que consigaõ o justo interece delle, & naõ possaõ exceder o dito tempo, sem que as taes pessoas recorraõ aos ditos Padres, a que elles hajaõ por justificada a mayor dilaçaõ que se lhes pedir; (...).

[22] He muyto conveniente ao bem espiritual, & temporal dos Indios que naõ vivaõ em aldeas pequenas, & que naõ estejaõ dividos no Certaõ expostos á falta dos Sacramentos, pela defficuldade de lhe acodirem os Missionarios, & a violencia com que a este respeyto podem ser tratados na falta da assistencia dos mesmos Padres; & porque no Regimento dos Governadores se ordena, que os procurem redusir as aldeas de cento & sincoenta vesinhos, & se tem conhecido os damnos de se naõ observar o disposto nelle; sou servido ordenar novamente, que o dito Regimento se execute, tanto pelo dito Governador na parte que lhe toca como pelos ditos Missionarios, que faraõ toda a diligencia para os persuadir à conveniencia referida, & quando os ditos Indios forem de differentes nasçoens, & por esta causa repugnem a dita uniaõ que costuma nestes casos ser tal, que os faz cahir algumas vezes na dezesperaçaõ da sua antiga bàrbaridade, se poderá evitar este inconveniente separando-os, & divindindo-os em

Textos Régios

freguesias dentro do destricto em que estiverem as residencias, para que por este modo sejaõ assistidos dos ditos Padres com a doctrina, & seguros com as minhas Leys, & conservados sem o, temor da sua repugnância.

[23] Os Indios das aldeas que de novo se descerem do Certaõ, naõ seraõ obrigados a servir, por tempo de dous annos, porque he o necessário para se doctrinarem na fè, primeyro motivo de sua reducçaõ, & para que façaõ as suas rossas, & se acomodem à terra, antes que os tornem arrependidos, à differença della, & o jugo do serviço; & tanto para com as aldeas, que se descerem para servirem aos moradores, como para aquellas que sem esta condiçaõ quizerem descer se observaraõ inviolavelmente os pactos que com elles se fizerem por ser assim conforme à fé publica fundada no direyto natural, civil, & das gentes; & se os Governadores cõtravierem estes pactos, depois de feytos, & celebrados pelos Padres Missionarios cõ os ditos Indios (o que eu naõ espero) me darey por muyto mal serviço delles, & serà reputada esta culpa por huma das mayores da sua residencia; & succedendo, que indo os Padres Missionarios praticar os Gentios dos Certoens, os achem dispostos a seguir, & abraçar a Ley de Christo nosso Redemptor, nas mesmas terras onde vivem, sem quererem descer para outras; neste caso, aceytaràõ os ditos Padres aos taes Gentios ao gremio da Igreja procurando persuadillos a que descaõ, & sómente para aquella parte do mesmo Certão, em que elles mais commodamente lhes possaõ assistir cõ a doctrina Evangelica, & bem espiritual das suas almas; fazendo, com tudo, que se unaõ em aldeas, ou se ajuntem em freguesias nos descrictos das residencias, que os Padres fabricarem de novo na forma que se dispoem no Capitulo antecedente, porque a justiça naõ permitte, que estes homens sejaõ obrigados, a deyxarem todo, & por todo as terras que habitaõ, quãdo naõ repugnaõ o ser Christaõs, & a cõveniencia pede que as aldeas se dilatem pelos Certoens, para que deste modo se possaõ penetrar mais facilmente, & se tire a utilidade, que delles se pertende.

[24] Para as entradas, que os Missionarios haõ de fazer nos Certoens, lhe daraõ os Governadores todo o auxilio, ajuda, & favor que elles houverem mister, tanto para a sua segurança, como para com mayor facilidade fazerem as Missoens, & porque tenho mandado dar Regimentos à Junta das Missoens, & naõ he razaõ, que os

140 Cadernos de Literatura de Viagens

Ministros della se entremetaõ em outras cousas mais daquellas para que foy criada, naõ poderà a dita Junta no meyo tempo, que se faz o dito Regimento encontrar o disposto neste, mas antes o fará observar com o cuydado de sua obrigaçaõ; & naõ contêm mais o dito Regimento, o qual mando se cumpra, & guarde como nelle se dispoem, sem embargo de quaesquer Leys, Ordenaçoens, privilégios particulares, ou geraes, Regimentos, & Provisoens que haja em contrario, que tudo hey por derrogado, & derrogo para effeyto do que nelle se contem, como se cada huma das ditas cousas fizera expressa mençaõ, & que naõ passe pela Chancellaria, sem embargo das Ordenaçoens em contrario. Martim de Brito Couto o fez em Lisboa a vinte & hum de dezembro de mil seiscentos oytenta & seis. O Bispo Frey Manoel Pereyra o fez escrever.

REY"

D. Pedro II, "Regimento das Missoens do Estado do Maranham, & Pará e sobre a Liberdade dos Índios, (1 de dezembro de 1686)", *in* Serafim Leite, *História da Companhia de Jesus no Brasil*, Tomo IV, Imprensa Nacional, Rio de Janeiro, 1945, pp. 369-377.

A CRIAÇÃO DAS NOVAS BASES
DA CIVILIZAÇÃO ÍNDIA

MARQUÊS DE POMBAL

(N. 1699 – M. 1782) Enquanto Ministro dos Negócios Estrangeiros, Sebastião José de Carvalho e Melo estudou a influência económica e social dos jesuítas em território brasileiro e direcionou as suas políticas repressivas contra a autoridade governativa dos religiosos. Promulgou um tratado de limites territoriais na América do Sul, fundou a Companhia do Grão-Pará e decretou a libertação dos ameríndios. A fim de estender ao Brasil a influência do comércio português, o Marquês contou com a influência da Rainha de Espanha, D. Maria Bárbara de Bragança, filha de D. João V, para trocar as colónias de Sacramento (atribuídas a Espanha, segundo o Tratado) por alguns territórios brasileiros. Depois de decretadas, em 1755, a libertação dos índios e a extinção das missões, seguiu-se a publicação da *Relação Abreviada*, uma crítica do governo português à influência dos jesuítas na América do Sul. Familiarizado com a importância desta obra divulgada em toda a Europa, Bento XIV, que na Bula *Imensa Pastorum* havia já promulgado a libertação dos índios, viu-se agora obrigado a intervir novamente nesta questão. Consequentemente, os padres jesuítas foram acusados de tráfico de escravos, proibidos de comercializar, pregar e confessar. Estas medidas tiveram como corolário a expulsão dos jesuítas, depois de 1759.

Neste *Directório*, o Marquês promulga uma série de medidas legais que procuram orientar o governo e as relações sociais das aldeias índias. De entre as novas deliberações, consta a delegação do governo das aldeias a um Governador e um Capitão-Geral, destituindo os jesuítas de todo e qualquer poder jurídico. Além de ameaçar sancionar quem castigue os índios, institui a criação de escolas masculinas e femininas e começa, sobretudo, a criar as bases de uma sociedade civil, atribuindo aos habitantes a possibilidade de se educarem e ocuparem cargos públicos e administrativos.

De entre as principais obras do Marquês de Pombal, destacam-se: *Discurso Político sobre as vantagens que o reino de Portugal pode alcançar da sua desgraça por ocasião do memorável Terramoto do 1.º de Novembro de 1755* (1755); *Relação Abreviada da República, que os Religiosos Jesuítas, das Províncias de Portugal e Espanha, estabeleceram nos domínios ultramarinos das suas Monarquias, e da guerra que neles têm movido e sustentado contra os exércitos espanhóis e portugueses* (1757); *Dedução Cronológica e Analítica* (1768); *Compêndio Histórico da Universidade de Coimbra* (1777).

"1. Sendo Sua Majestade servido pelo Alvará com força de Ley de 7 de Junho de 1755. abolir a administraçaõ Temporal, que os Regulares exercitavaõ nos Indios das Aldêas deste Estado; mandando-as governar pelos seus respectivos Principáes, como estes pela lastimosa rusticidade, e ignorancia, com que até agora foraõ educados, naõ tenhaõ a necessaria aptidaõ, que se requer para o Governo, sem que haja quem os possa dirigir, propondo-lhes naõ só os meios da civilidade, mas da conveniencia, e persuadindo-lhes os proprios dictames da racionalidade, de que viviaõ privados, para que o referido Alvará tenha a sua devida execuçaõ, e se verifiquem as Reaes, e piissimas intenções do dito Senhor, haverá em cada huma das sobreditas Povoações, em quanto os Indios naõ tiverem capacidade para se governarem, hum Director, que nomeará o Governador, e Capitaõ General do Estado, o qual deve ser dotado de bons costumes, zelo, prudencia, verdade, sciencia da lingua, e de todos os mais requisitos necessarios para poder dirigir com acerto os referidos Indios debaixo das ordens, e determinações seguintes, que inviolavelmente se observaráõ em quanto Sua Majestade o houver assim por bem, e naõ mandar o contrario.

2. Havendo o dito Senhor declarado no mencionado Alvará, que os Indios existentes nas Aldêas, que passarem a ser Villas, sejaõ governados no Temporal pelos Juizes Ordinarios, Vereadores, e mais Officiaes de Justiça; e das Aldêas independentes das ditas Villas pelos seus respectivos Principaes: Como so ao Alto, e Soberano arbitrio do dito Senhor compete o dar jurisdicçaõ ampliando-a, ou limitando-a como lhe parecer justo, naõ poderáõ os sobreditos Derectores em caso algum exercitar jurisdicçaõ coactiva nos Indios, mas unicamente a que pertence ao seu ministerio, que he a directiva; advertindo aos Juizes Ordinarios, e aos Principaes, no caso de haver nelles alguma negligencia, ou descuido, a indispensavel obrigaçaõ, que tem por conta dos seus empregos, de castigar os delictos públicos com a severidade, que pedir a deformidade do insulto, e a circunstancia do escandalo; persuadindo-lhes, que na igualdade do premio, e do castigo, consiste o equilibrio da Justiça, e bom governo das Republicas. Vendo porém os Directores, que saõ infructuosas as suas advertencias, e que naõ basta a efficacia da sua direcçaõ para que os ditos Juizes Ordinarios, e Principaes, castiguem exemplarmente os culpados; para que naõ aconteça, como regularmente

Textos Régios 143

succede, que a dissimulाçaõ dos delictos pequenos seja a causa de se commetterem culpas mayores, o participaráõ logo ao Governador do Estado, e Ministros de Justiça, que procederáõ nesta materia na fórma das Reaes Leys de S. Magestade, nas quaes recõmenda o mesmo Senhor, que nos castigos das referidas culpas se pratique toda aquella suavidade, e brandura, que as mesmas Leys permittirem, para que o horror do castigo os naõ obrigue a desamparar as suas Povoações, tornando para os escandalosos erros da Gentilidade.

3. Naõ se podendo negar, que os Indios deste Estado se conserváráõ até agora na mesma barbaridade, como se vivessem nos incultos Sertões, em que nascêraõ, praticando os pessimos, e abominaveis costumes do Paganismo, naõ só privados do verdadeiro conhecimento dos adoraveis mysterios da nossa Sagrada Religiaõ, mas até das mesmas conveniencias Temporáes, que só se podem conseguir pelos meios da civilidade, da Cultura, e do Commercio: E sendo evidente, que as paternaes providencias do Nosso Augusto Soberano, se dirigem unicamente a christianizar, e civilizar estes até agora infelices, e miseraveis Póvos, para que sahindo da ignorancia, e rusticidade, a que se achaõ reduzidos, possaõ ser uteis a si, aos moradores, e ao Estado: Estes duos virtuosos, e importantes fins, que sempre foi a heroica empreza do incomparavel zelo dos nossos Catholicos, e Fidelissimos Monarcas, seráõ o principal objecto da reflexaõ, e cuidado dos Directores.

4. Para se conseguir pois o primeiro fim, qual he o christianizar os Indios, deixando esta materia, por ser meramente espiritual, á exemplar vigilancia do Prelado desta Diocese; recommendo unicamente aos Directores, que da sua parte dem todo o favor, e auxilio, para que as determinações do dito Prelado respectivas á direcçaõ das Almas, tenhaõ a sua devida execuçaõ; e que os Indios tratem aos seus Parocos com aquella veneraçaõ, e respeito, que se deve ao seu alto caracter, sendo os mesmos Directores os primeiros, que com as exemplares acções da sua vida lhes persuadaõ a observancia deste Paragrafo.

5. Em quanto porém á Civilidade dos Indios, a que se reduz a principal obrigaçaõ dos Directores, por ser própria do seu ministerio; empregaráõ estes hum especialissimo cuidado em lhes persuadir todos aquelles meios, que possaõ ser conducentes a taõ util, e interessante fim, quaes são os que vou a referir.

144   Cadernos de Literatura de Viagens

6. Sempre foi maxima inalteravelmente praticada em todas as Nações, que conquistáraõ novos Dominios, introduzir logo nos Póvos conquistados o seu próprio idiôma, por ser indisputavel, que este he hum dos meios mais efficazes para desterrar dos Póvos rusticos a barbaridade dos seus antigos costumes; e ter mostrado a experiencia, que ao mesmo passo, que se introduz nelles o uso da Lingua do Principe, que os conquistou, que se lhes radîca também o affecto, a veneraçaõ, e a obediencia ao mesmo Principe. Observando pois todas as Nações polîdas do Mundo este prudente, e sólido systema, nesta Conquista se praticou tanto pelo contrario, que só cuidáraõ os primeiros Conquistadores estabelecer nella o uso da Lingua, que chamáraõ geral; invençaõ verdadeiramente abominavel, e diabolica, para que privados os Indios de todos aquelles meios, que os podiaõ civilizar, permanecessem na rustica, e barbara sujeiçaõ, em que até agora se conserváraõ. Para desterrar esse perniciosissimo abuso, será hum dos principaes cuidados dos Directores, estabelecer nas suas respectivas Povoações o uso da Lingua Portugueza, naõ consentindo por modo algum, que os Meninos, e Meninas, que pertencerem ás Escólas, e todos aquelles Indios, que forem capazes de instrucçaõ nesta materia, usem da Lingua propria das suas Nações, ou da chamada geral; mas unicamente da Portugueza, na fórma, que Sua Majestade tem recommendado em repetidas Ordens, que até agora se naõ observáraõ com total ruina Espiritual, e Temporal do Estado.

7. E como esta determinaçaõ he a base fundamental da Civilidade, que se pretende, haverá em todas as povoações duas Escólas públicas, huma para os Meninos, na qual se lhes ensine a Doutrina Christãa, a lêr, escrever, e contar na fórma, que se pratíca em todas as Escólas das Nações civilizadas; e outra para as Meninas, na qual, além de serem instruídas na Doutrina Christãa, se lhes ensinará a lêr, escrever, fiar, fazer renda, costura, e todos os mais ministérios proprios daquelle sexo.

8. Para a subsistencia das sobreditas Escólas, e de hum Mestre, e huma Mestra, que devem ser Pessoas dotadas de bons costumes, prudencia, e capacidade, de sorte, que possaõ desempenhar as importantes obrigações de seus empregos; se destinaráõ ordenados sufficientes, pagos pelos Pays dos mesmos Indios, ou pelas Pessoas, em cujo poder elles viverem, concorrendo cada hum delles com a

porçaõ, que se lhes arbitrar, ou em dinheiro, ou em effeitos, que será sempre com attençaõ á grande miseria, ou pobreza, a que elles presentemente se achaõ reduzidos. No caso porém de naõ haver nas Povoações Pessoa alguma, que possa ser Mestra de Meninas, poderáõ estas até á idade de dez annos serem instruídas na Escóla dos Meninos, onde aprenderáõ a Doutrina Christãa, a lêr, e escrever, para que juntamente com as infalliveis verdades da nossa Sagrada Religiaõ adquiraõ com maior facilidade o uso da Lingua Portugueza.

9. Concorrendo muito para a rusticidade dos Indios a vileza, e o abatimento, em que têm sido educados, pois até os mesmos Principaes, Sargentos maiores, Capitães, e mais Officiaes das Povoações, sem embargo dos honrados empregos que exercitavaõ, muitas vezes eraõ obrigados a remar as Canôas, ou a ser Jacumáuhas, e Pilôtos dellas, com escandalosa desobediencia às Reaes Leys de Sua Majestade, que foi servido recommendar aos Padres Missionarios por Cartas do I., e 3. de Fevereiro de 1701. firmadas pela sua Real Maõ, o grande cuidado que deviaõ ter em guardar aos Indios as honras, e os privilegios competentes aos seus póstos: E tendo consideraçaõ a que nas Povoações civîs deve precisamente haver diversa graduaçaõ dos ministérios que sejaõ tratadas com aquellas honras, que se devem aos seus empregos: Recommendo aos Directores, que assim em pûblico, como em particular, honrem, e estimem a todos aqueles Indios, que forem Juizes Ordinarios, Vereadores, Principáes, ou occuparem outro qualquer postohon orifico [sic]; e tambem as suas familias; dando-lhes assento na sua presença, e tratando-os com aquela distinçaõ, que lhes for devida, conforme as suas respectivas graduações, empregos, e cabedaes; para que, vendo-se os ditos Indios estimados pûblica, e particularmente, cuidem em merecer com o seu bom procedimento as distintas honras, com que saõ tratados; separando-se daquelles vicios, e desterrando aquellas baixas imaginações, que insensivelmente reduziraõ ao presente abatimento, e vileza.

10. Entre os lastimosos principios, e perniciosos abusos, de que tem resultado nos Indios o abatimento ponderado, he sem duvida hum delles a injusta, e escandalosa introducçaõ de lhes chamarem *Negros*; querendo talvez com a infamia, e vileza deste nome, persuadir-lhes, que a natureza os tinha destinado para escravos dos Brancos, como regularmente se imagina a respeito dos Pretos da Costa da Africa. E porque, além de ser prejudicialissimo á civilidade dos mesmos

146   Cadernos de Literatura de Viagens

Indios este abominavel abûso, seria indecoroso às Reaes Leys de Sua Majestade chamar *Negros* a huns homens, que o mesmo Senhor foi servido nobilitar, e declarar por isentos de toda, e qualquer infamia, habilitando-os para todo o emprego honorifico: Naõ consentiraõ os Directores aqui por diante, que pessoa alguma chame *Negros* aos Indios, nem que elles mesmos usem entre si deste nome como até agora praticavaõ; para que comprehendendo elles, que lhes naõ compete a vileza do mesmo nome, possaõ conceber aquellas nobres idéas, que naturalmente infundem nos homens a estimaçaõ, e a honra.

....

12. Sendo tambem indubitavel, que para a incivilidade, e abatimento dos Indios, tem concorrido muito a indecencia, com que se trataõ em suas casas, assistindo diversas Familias em huma só, na qual vivem como brutos; faltando àquellas Leys da honestidade, que se deve á diversidade dos sexos; do que necessariamente ha de resultar maior relaxaçaõ nos vicios; sendo talvez o exercicio delles, especialmente o da torpeza, os primeiros elementos com que os Pays de Familias educaõ a seus filhos: Cuidaráõ muito os Directores em desterrar das Povoações este prejudicialissimo abuso, persuadindo aos Indios que fabriquem as suas casas á imitaçaõ dos Brancos; fazendo nellas diversos repartimentos, onde vivendo as Familias com separaçaõ, possaõ guardar, como Racionaes, as Leys da honestidade, e policia.

13. Mas concorrendo tanto para a incivilidade dos Indios os vicios, e abusos mencionados, naõ se póde duvidar, que o da ebriedade os tem reduzido ao ultimo abatimento; vicio entre elles taõ dominante, e universal, que apenas se conhecerá hum só Indio, que naõ esteja sujeito á torpeza deste vicio. Para destruir por este poderoso inimigo do bem commum do estado, empregaráõ os Directores todas as suas forças em fazer evidente aos mesmos Indios a deformidade deste vicio; persuadindo-lhes com a maior efficacia o quanto será escandaloso, que, applicando Sua Majestade todos os meios para que elles vivaõ com honra, e estimaçaõ, mandando-lhes entregar a administraçaõ, e o governo Temporal das suas respectivas Povoações; ao mesmo tempo, em que só deviaõ cuidar em se fazer benemeritos daquellas distinctas honras, se inhabilitem para ellas, continuando no abominavel vicio de suas ebriedades.

....

Textos Régios

19. Depois que os Directores tiverem persuadido aos Indios estas solidas, e interessantes maximas, de sorte, que elles percebaõ evidentemente o quanto lhes será util o trabalho, e prejudicial a ociosidade; cuidaráõ logo em examinar com a possivel exactidaõ, se as terras, que possuem os ditos Indios (que na fórma das Reaes Ordens de Sua Majestade devem ser as adjacentes ás suas respectivas Povoações) são competentes para o sustento das suas casas, e familias; e para nellas fazerem as plantações, e as lavouras; de sorte, que com a abundancia dos generos possaõ adquirir as conveniencias, de que até agora viviaõ privados, por meio do Commercio em beneficio commum do Estado. E achando que os Indios naõ possuem terras sufficientes para a plantaçaõ dos precisos [sic] fructos, que produz este fertilissimo Paiz; ou porque na distribuiçaõ dellas se naõ observáraõ as Leys da equidade, e da justiça, ou porque as terras adjacentes ás suas Povoações foraõ dadas em sesmarias ás outras Pessoas particulares; seraõ obrigados os Directores a remetter logo ao Governador do Estado huma lista de todas as terras situadas no continente das mesmas Povoações, declarando os Indios, que se achaõ prejudicados na distribuiçaõ, para se mandarem logo repartir na fórma que Sua Magestade manda.

....

30. Concluîda deste modo a avaliaçaõ do rendimento das Rossas, mandaráõ os Directores extrahir do caderno mencionado huma Folha pelo Escrivaõ da Camera, e na sua ausência, ou impedimento, pelo do Publico, pelo qual se deve fazer a cobrança dos Dizimos; cuja importancia liquida se lançará em hum livro, que haverá em todas as Povoações, destinado unicamente para este ministerio, e rubricado pelo Provedor da Fazenda Real: Declarando-se nelle em o Titulo da Receita assim as distinctas parcelas que se receberaõ, como os nomes dos Lavradores, que as entregaraõ: Concluindo-se finalmente a dita Receita com hum Termo feito pelo mesmo Escrivaõ, e assignado pelo Director, como Recebedor dos referidos Dizimos. Advertindo porém que nem hum, nem outro, poderáõ levar emolumentos alguns pelas referidas diligencias, por serem dirigidas á boa arrecadaçaõ da Fazenda Real, á qual pertencem em todas as Conquistas os Dizimos na conformidade das Bullas Pontificias.

....

148 Cadernos de Literatura de Viagens

41. E como para extinguir totalmente, o injusto, e prejudicial commercio da aguardente, naõ bastaria só prohibir aos Indios o cumutarem por ella os seus effeitos, naõ se comminando pena grave a todos aquelles que costumaõ introduzir nas Povoações este perniciossimo genero: Ordeno aos Directores, que apenas chegar ao Porto das suas respectivas Povoações alguma Canôa, ou outra qualquer embarcaçaõ, a vaõ logo examinar pessoalmente, levando na sua companhia o Principal, e o Escrivaõ da Camera; e na falta destes a Pessoa, que julgarem de maior capacidade; e achando na dita embarcaçaõ aguardente; (que não seja para o uso dos mesmos Indios que arremaõ na fórma abaixo declarada), prenderáõ logo o Cabo da dita Canôa, e o remetteráõ a esta Praça á ordem do Governador do Estado; tomando por perdida a dita aguardente que se applicará para os gastos da mesma Povoaçaõ, de que se fará termo de tomadia nos livros da Camera assignada pelos Directores, e mais pessoas que a presenciarem.

....

46. Naõ podendo duvidar-se, que entre os ramos do negocio de que se constitue o commercio deste Estado; nenhum é mais importante, nem mais util, que o do Sertaõ; o qual naõ só consiste na extracçaõ das proprias Drogas, que nelle produz a natureza; mas nas feitorias de manteigas de tartaruga, salgas de peixe, óleo de cupaiva, azeites de andiroba, e de outros muitos generos de que he abundante o Paiz; empregaráõ os Directores a mais exacta vigilancia, e incessante cuidado em introduzir, e augmentar o referido commercio nas suas respectivas Povoações. E para que nesta interessantissima materia possaõ os Directores conduzir-se por huma regra fixa, e invariavel, observaráõ a fórma, que lhe vou a prescrever.

....

57. E para que nenhum modo possa haver confusaõ na fórma com que se devem pagar os Dizimos dos generos, que se extrahem dos Sertões, declaro, que em quanto ao Cacáo, Café, Cravo, e Salsa, pertence esta obrigaçaõ aos mesmos, que comprarem os referidos generos, dos quaes se costumaõ pagar os Dizimos na mesma occasiaõ do embarque. A respeito porém dos mais generos, como saõ Manteigas de Tartarugas, e toda a qualidade de Peixes, óleos de

Textos Régios

Cupauba, azeite de Andiroba, e todos os mais effeitos, execeptuando unicamente os fructos, que produz a terra por meio da cultura, sendo elles remettidos para esta Cidade, nella se pagaráõ os Dizimos dirigindo-se nesta materia o Thesoureiro geral pelas Guias, que lhe forem remettidas. E se algum dos ditos generos se vender nas Povoações, seraõ obrigados os Directores a cobrar os Dizimos observando a fórma, que se lhes prescreve no paragrafo 30.

....

77. No §. II. do Regimento ordena o dito Senhor, que as Povoações dos Indios constem ao menos de 150 Moradores, por naõ ser conveniente ao bem Espiritual, e Temporal dos mesmos Indios, que vivaõ em Povoações pequenas, sendo indisputavel que á proporçaõ do numero dos habitantes se introduz nellas a civilidade, e Commercio. E como para se executar esta Real Ordem se devem reduzir as Aldêas e Povoações populosas, incorporando-se, e unindo-se humas a outras; o que na fórma da Carta do primeiro de Fevereiro de 1701. firmada pela Real maõ de Sua Majestade, se naõ póde executar entre Indios de diversas Nações, sem primeiro consultar a vontade de huns, e outros; ordeno aos Directores, que na mesma lista que devem remetter dos Indios na fórma assim declarada, expliquem com toda a clareza a distinccaõ das Nações; a diversidade dos costumes, que ha entre ellas, e a opposiçaõ, ou concordia em que vivem; para que, reflectidas todas estas circumstancias, se possa determinar em Junta o modo, como que sem violencia dos mesmos Indios se devem executar estas utilissimas reducções.

78. Em quanto porém aos decimentos, sendo Sua Majestade servido recommendallos aos Padres Missionarios nos §§. 8., e 9. do Regimento, declarando o mesmo Senhor que confiava delles este cuidado, por lhes ter encarregado a administraçaõ Temporal das Aldêas; como na conformidade do Alvará de 7 de Junho de 1755. foi o dito Senhor servido remover dos Regulares o dito governo Temporal mandando-o entregar aos Juizes Ordinarios, Vereadores, e mais Officiaes de Justiça, e aos Principaes respectivos; teraõ os Directores huma incansavel vigilancia em advertir a huns, e outros, que a primeira, e mais importante obrigaçaõ dos seus póstos consiste em fornecer as Povoações de Indios por meio dos decimentos, ainda que seja á custa das maiores despezas da Real Fazenda de Sua Magestade,

150 Cadernos de Literatura de Viagens

como a inimitavel, e catholica piedade dos nossos Augustos Soberanos, tem declarado em repetidas Ordens, por ser este o meio mais proporcionado para se dilatar a Fé, e fazer-se respeitado, e conhecido neste Novo Mundo o adorável nome do nosso Redemptor.

....

89. Para facilitar os ditos matrimonios, empregáraõ os Directores toda a efficacia do seu zelo em persuadir a todas as Pessoas Brancas, que assistirem nas suas Povoações, que os Indios tanto naõ saõ de inferior qualidade a respeito dellas, que dignando-se Sua Majestade de os habilitar para todas aquellas honras competentes ás graduações dos seus póstos, consequentemente ficaõ logrando os mesmos privilegios as Pessoas que casarem com os ditos Indios; desterrando-se por este modo as prejudicialissimas imaginações dos Moradores deste Estado, que sempre reputáraõ por infamias simelhantes matrimonios.

....

EU EL REY. Faço saber aos que este Alvará de confirmação virem: Que sendo-me presente o Regimento que baixa incluso, e tem por título: Directorio, que se deve observar nas Povoações dos Indios do Pará, e Maranhaõ, em quanto Sua Majestade naõ mandar o contrario: *deduzido nos noventa e cinco Paragrafos, que nelle se contém, e publicando em tres de Maio do anno proximo precedente de mil setecentos e cincoenta e sete por Francisco Xavier de Mendoça Furtado, do meu Conselho, Governador, e Capitaõ General do mesmo Estado, e meu Principal Commissario, e Ministro Plenipotenciario nas Conferencias sobre a Demarcaçaõ dos Limites Septemtrionaes do Estado do Brasil (...).*

REY.

Sebastiaõ José de Carvalho e Mello.

Marquês de Pombal, *Directório do que se deve observar nas Povoações dos Índios e do Pará, e Maranhão enquanto sua Majestade não mandar o contrário*, Lisboa, na Officina de Miguel Rodrigues, impressor do Eminentissimo Senhor Cardial Patriarca, 1758.

DECLARAÇÃO QUE EXTINGUE A ESCRAVATURA NO BRASIL

ISABEL I

(N. 1846 – M. 1921) Nomeada primeira Senadora do Brasil em 1871, Isabel I ficou conhecida pelas suas ideias liberais e abolicionistas e por ter promulgado a primeira lei absoluta contra a escravatura. Antes de Isabel I ter promulgado a Lei Áurea, várias tentativas que procuraram erradicar progressivamente as práticas esclavagistas já haviam sido realizadas. A primeira lei, que recebeu o nome do Ministro que a incentivou, Eusébio Queiroz, data de 1850 e proibia o tráfico interatlântico de escravos. Foi seguida, em 1871, da Lei do Vente Livre, que libertava todos os filhos nascidos de pais escravos e, por fim, da Lei dos Sexagenários (ou Lei Saraiva- -Cotejipe), promulgada em 1885, que libertava todos os escravos com mais de 65 anos. Ainda assim, foram libertados apenas um milhão de escravos, um número muito aquém do total da população cativa. De entre algumas críticas apontadas à Lei Áurea, parece ser a mais polémica a que se prende com a preparação dos direitos jurídicos dos escravos recentemente libertados. Na verdade, o sucinto texto do projeto fora aprovado sem especificar os direitos legais dessa liberdade e sem contemplar, a longo prazo, as condições de reinserção social dos escravos. Porém, foi um passo histórico importantíssimo que permitiu ao Brasil acertar o passo do progresso com as restantes civilizações mundiais. Pela promulgação da Lei Áurea, a Princesa Isabel recebeu a comenda da Rosa de Ouro pelas mãos do Papa Leão XIII.

"Lei n.º 3.353, de 13 de Maio de 1888

Declara extincta a escravidão do Brazil.

A Princeza Imperial Regente, em Nome de Sua Majestade o Imperador o Senhor D. Pedro II, Faz saber a todos os subditos do Imperio que a Assembléa Geral decretou e Ella sanccionou a Lei seguinte:

Art. 1.º – É declarada extincta, desde a data desta Lei, a escravidão no Brazil.

152 Cadernos de Literatura de Viagens

Art. 2.º – Revogam-se as disposições em contrario.

Manda, portanto, a todas as autoridades, a quem o conhecimento e execução da referida Lei pertencer, que a cumpram, e façam cumprir e guardar tão inteiramente como nella se contém.

O Secretário de Estado dos Negócios da Agricultura, Commercio e Obras Publicas e interino dos Negocios Estrangeiros, Bacharel Rodrigo Augusto da Silva, do Conselho de Sua Majestade o Imperador, o faça imprimir, publicar e correr.

Dada no Palacio do Rio de Janeiro em 13 de Maio de 1888, 67.º da Independencia e do Imperio.

Carta de lei, pela qual Vossa Alteza Imperial Manda executar o Decreto da Assembléa Geral, que Houve por bem Sancionar, declarando extincta a escravidão no Brazil, como nella se declara.

Para Vossa Alteza Imperial ver.

Chancellaria-mór do Imperio. – *António Ferreira Vianna.*

Transitou em 13 de Maio de 1888. – *José Julio de Albuquerque Barros.*"

Isabel I, " 'Lei Áurea' (Lei n.º 3.353, de 13 de Maio de 1888)", *in Collecção das Leis do Império do Brasil de 1888*, Parte I, tomo XXXV – Parte II, tomo II, vol. I, (Actos do Poder Legislativo – Parte I), Rio de Janeiro, Imprensa Nacional, 1888, pp. 1-2.

c) Textos religiosos e de outras personalidades

BONDADE DOS ÍNDIOS E CRUELDADES DOS CONQUISTADORES

BARTOLOMÉ DE LAS CASAS

(N. 1474 – M. 1566) Religioso dominicano proveniente de uma família de nobres cavaleiros, Las Casas foi o primeiro sacerdote ordenado na América. Ainda estudante de Humanidades, Filosofia e Direito na Universidade de Salamanca, Las Casas envolveu-se na contestação da escravatura indígena quando libertou o índio que sempre o servira a si e a seu pai, apoiado num decreto de Isabel, *a Católica*, que ordenava a restituição de todos os indígenas às suas terras naturais. Foi em Salamanca que Las Casas se tornou discípulo da Escola Tomista, aplicando mais tarde a sua doutrina a todas as questões relativas a esta causa. Quando partiu com Cristovão Colombo para a América a 13 de fevereiro de 1502 como Conselheiro legal do Governador (adaptando-se nos primeiros tempos à vida de colonizador, escravizando e explorando os índios), Las Casas depressa compreendeu que melhor do que doutrinar os índios seria compreendê-los. Ao ler as Sagradas Escrituras e recordar-se das aulas de Direito, Las Casas apercebeu-se da injustiça e miséria de que eram alvo os indígenas escravizados e começou a pregar contra o sistema colonial das 'encomiendas'. Em 1515, o governador Cisneros conferiu-lhe o título de procurador universal e protetor dos índios. A 17 de setembro de 1517, Las Casas é nomeado informador e conselheiro geral da Comissão de Jerónimos e de todas as autoridades das Índias. Elabora dois projetos que propõem a colonização não através de conquistadores mas sim de agricultores e comerciantes. Em 1523, vendo estes projetos recusados, decide dedicar-se à Literatura, nunca se afastando, porém, das questões júridicas concernentes à escravatura dos índios. Em 1542, inspiradas em alguns dos seus princípios, foram aprovadas em Valladolid algumas reformas sobre o governo das Índias, compiladas, por fim, nas *Nuevas Leyes de Índias*.

De entre as suas obras destacam-se o *Memorial para el Consejo de Índias* (1531), uma apologia da libertação dos índios; *Unico Vocationes Modo* (1535), uma enérgica condenação da guerra como meio de conversão à fé; *Brevísima Relación de la Destrucción de las Índias* (1542); *Democrates II ó De Justis Belli Causis apud Indios* (1547), resumo de todas as objeções de Las Casas relativamente à questão dos abusos e da escravatura.

154 Cadernos de Literatura de Viagens

"Descubriéronse las Indias en el año de mil y cuatrocientos y noventa y dos. Fuéronse a poblar en año siguiente de cristianos españoles, por manera que ha cuarenta y nueve años que fueron a ellas cantidad de españoles (…).

....

Todas estas universas e infinitas gentes *a toto género* crió Dios las más simples, sin maldades ni dobleces, obedientísimas, fidelísimas a sus señores naturales y a los cristianos a quien sirven; más humildes, más pacientes, más pacíficas y quietas, sin rencillas ni bollicios, no rijosos, no querulosos, sin rancores, sin odios, sin desear venganzas, que hay en el mundo. Son así mesmo las gentes más delicadas, flacas y tiernas en complisión y que menos pueden sufrir trabajos, y que más fácilmente mueren de cualquiera enfermedad, que ni hijos de príncipes y señores entre nosotros, criados en regalos y delicada vida, no son más delicados que ellos, aunque sean de los que entre ellos son de linaje de labradores. Son también gentes paupérrimas y que menos poseen ni quieren poseer de bienes temporales, y por esto no soberbias, no ambiciosas, no cubdiciosas.

....

En estas ovejas mansas y de las calidades susodichas por su Hacedor y Criador así dotadas, entraron los españoles desde luego que las conocieron como lobos y tigres y leones crudelísimos de muchos días hambrientos. Y otra cosa no han hecho de cuarenta años a esta parte, hasta hoy, y hoy en este día lo hacen, sino despedazallas, matallas, angustiallas, afligillas, atormentallas y destruillas por las estrañas y nuevas y varias y nunca otras tales vistas ni leídas ni oídas maneras de crueldad, de las cuales algunas pocas abajo se dirán, en tanto grado que habiendo en la isla Española sobre tres cuentos de ánimas que vimos, no hay hoy de los naturales della doscientas personas. La isla de Cuba es cuasi tan luenga como desde Valladolid a Roma: está hoy cuasi toda despoblada. La isla de Sant Juan y la de Jamaica, islas muy grandes y muy felices y graciosas, ambas están asoladas. Las islas de los Lucayos, que están comarcanas a la Española y a Cuba por la parte del Norte, que son más de sesenta con las que llamaban de Gigantes y otras islas grandes y chicas, y que la peor dellas es más fértil y graciosa que la huerta del Rey, de

Sevilla, y la más sana tierra del mundo, en las cuales había más de quinientas mil ánimas, no hay hoy una sola criatura. Todas las mataron trayéndolas y por traellas a la isla Española, después que veían que se les acababan los naturales della.

....

De la gran Tierra Firme somos ciertos que nuestros españoles, por sus crueldades y nefandas obras, han despoblado y asolado y que están hoy desiertas, estando llenas de hombres racionales, más de diez reinos mayores que toda España, aunque entre Aragón y Portugal en ellos, y más tierra que hay de Sevilla a Jerusalén dos veces, que son más de dos mil leguas.

Daremos por cuenta muy cierta y verdadera que son muertas en los dichos cuarenta años, por las dichas tiranías e infernales obras de los cristianos, injusta y tiránicamente, más de doce cuentos de ánimas, hombres y mujeres y niños; y en verdad que creo, sin pensar engañarme, que son más de quince cuentos.

....

La causa porque han muerto y destruido tantas y tales y tan infinito número de ánimas los cristianos, ha sido solamente por tener por su fin último el oro y henchirse de riquezas en muy breves días, y subir a estados muy altos y sin proporción de sus personas, conviene a saber, por la insaciable cudicia y ambición que han tenido, que ha sido mayor que en el mundo ser pudo, por ser aquellas tierras tan felices y tan ricas, y las gentes tan humildes, tan pacientes y tan fáciles a subjectarlas, a las cuales no han tenido más respecto (...). Y ésta es una muy notoria y averiguada verdad, que todos, aunque sean los tiranos y matadores, la saben y la confiesan: que nunca los indios de todas las Indias hicieron mal alguno a cristianos, antes los tuvieron por venidos del cielo, hasta que, primero, muchas veces hobieron recebido ellos o sus vecinos muchos males, robos, muertes, violencias y vejaciones dellos mesmos.

....

Fue inducido yo, Fray Bartolomé de las Casas o Casaus, fraile do Sancto Domingo, que por la misericordia de Dios ando en esta corte de España, procurando echar el infierno de las Indias, y que aquellas infinitas muchedumbres de ánimas redimidas por la sangre de Jesucristo no perezcan sin remedio para siempre, sino que conozcan a su criador y se salven; y por compasión que he de mi patria, que es Castilla, no la destruya Dios por tan grandes pecados contra su fe y honra cometidos y en los prójimos, por algunas personas notables, celosas de la honra de Dios, y compasivas de las aflicciones y calamidades ajenas, que residen en esta corte, aunque yo me lo tenía en propósito, y no lo había puesto por obra por mis continuas ocupaciones. Acabéla en Valencia, a ocho de diciembre de mil y quinientos y cuarenta y dos años, cuando tienen la fuerza y están en su colmo actualmente todas las violencias, opresiones, tiranías, matanzas, robos y destruiciones, estragos, despoblaciones, angustias y calamidades susodichas, en todas las partes donde hay cristianos de las Indias. Puesto que en unas partes son más fieras y abominables que en otras: México y su comarca está un poco menos malo, o donde al menos no se osa hacer públicamente, porque allí y no en otra parte hay alguna justicia (aunque muy poca) porque allí también los matan con infernales tributos. Tengo grande esperanza que porque el emperador y rey de España, nuestro señor don Carlos, quinto deste nombre, va entendiendo las maldades y traiciones que en aquellas gentes y tierras, contra la voluntad de Dios y suya, se hacen y han hecho (porque hasta agora se ha encubierto siempre la verdad industriosamente), que ha de extirpar tantos males y ha de remediar aquel Nuevo Mundo que Dios le ha dado, como amador y cultor que es de justicia, cuya gloriosa y felice vida e imperial estado. Dios todopoderoso, para remedio de toda su universal Iglesia y final salvación propia de su real ánima, por largos tiempos Dios prospere, Amén.

Después de escripto lo susodicho fueron publicadas ciertas leyes y ordenanzas que Su Majestad por aquel tiempo hizo en la ciudad de Barcelona, año de mil e quinientos e cuarenta y dos, por el mes de noviembre; en la villa de Madrid, el año siguiente. Por las cuales se puso la orden que por entonces pareció convenir, para que cesasen tantas maldades y pecados que contra Dios y los prójimos y en total acabamiento y perdición de aquel orbe, convenía. Hizo las dichas leyes Su Majestad después de muchos ayuntamientos de personas de gran autoridad, letras y conciencia, y disputas y conferencias en la villa de Valladolid, y finalmente con acuerdo y parecer de todos los

Textos de religiosos e de outras personalidades

más, que dieron por escripto sus votos y más cercanos se hallaron de la ley de Jesucristo, como verdaderos cristianos, y también libres de la corrupción y ensuciamiento de los tesoros robados de las Indias.

Donde ha cesado de matar con espadas de presto, mátanlos con servicios personales y otras vejaciones injustas e intolerables su poco a poco. Y hasta agora no es poderoso el rey para lo estorbar, porque todos, chicos e grandes, andan a robar, unos más, otros menos; unos pública y abierta, otros secreta y paliadamente. Y con color de que sirven al rey, deshonran a Dios y roban y destruyen al rey."

Bartolomé de las Casas, *Brevísima Relación de la Destrucción de las Indias, in Tratados de Fray Bartolomé de Las Casas*, Fondo de Cultura Económica, México, 1965.

CARACTERIZAÇÃO DA SOCIEDADE INDÍGENA

PADRE MANUEL DA NÓBREGA

(N. 1517 – M. 1570) O Padre Manuel da Nóbrega, missionário jesuíta, foi um dos mais notáveis defensores não só da causa da libertação dos índios como da dinamização da civilização brasileira. Tendo chegado à Baía com 31 anos como supervisor de um grupo de jesuítas, criou imediatamente as bases para uma evangelização eficaz, tornando-se muito respeitado por entre os indígenas. Porém, a intervenção evangelizadora de Nóbrega não foi pacífica nem bem vista pelos colonos, que esperavam continuar a usufruir do trabalho escravo. A fim de travar os protestos, Nóbrega solicitou uma autorização a D. João III para criar um bispado no Brasil, do qual resultou a eleição do primeiro bispo do Brasil, D. Pedro Fernandes Sardinha. Obteve, assim, o apoio que necessitava para começar a espraiar a sua doutrina por várias capitanias. A sua capacidade de iniciativa permitiu-lhe penetrar no sertão brasileiro e criar diversas aldeias que viriam a ser importantes pontos de civilização. Regressado à Baía em 1557, fundou as aldeias de Rio Velho, Espírito Santo e São João e São Paulo. Sob a ameaça dos franceses, Nóbrega auxiliou o governador Mem de Sá (a quem convenceu, mais tarde, a decretar leis que proibissem a escravização dos índios), apoiando as tropas expedicionárias e organizando os socorros aos feridos. Opondo-se às promulgações decretadas pela Junta da Baía, que ultimava as resoluções da Mesa da Consciência de Lisboa, de 1536, declarando a legitimação da escravatura no Brasil, Manuel da Nóbrega fez chegar ao conhecimento de D. Sebastião as injustiças praticadas contra os gentios. Das suas propostas surgiu a primeira lei portuguesa contra a escravatura dos índios no Brasil, a Lei de 20 de Março de 1570. Morreu pouco depois de ter sido nomeado primeiro provincial da Companhia de Jesus no Brasil.

De entre as suas obras, destacam-se *Informação das terras do Brasil, mandadas pelo padre Nóbrega* (1549); *Diálogo sobre a Conversação do Gentio* (1557); *Informação das Coisas da Terra e Necessidade que há para Bem Proceder Nela* (1558); *Tratado Contra a Antropofagia* (1559); *Caso de Consciência sobre a Liberdade dos Índios* (1567).

160   Cadernos de Literatura de Viagens

"A graça e amor de Cristo Nosso Senhor seja sempre em nosso favor. Amen.

....

Depois que partimos desse Reino, que foi o primeiro dia de Fevereiro, trouxe N. S. toda esta armada em paz e em salvo, com ventos sempre prósperos, até chegar a esta Baía de Todos os Santos, em cinquenta e seis dias, sem acontecer contraste nenhum, e com outros muitos favores e mimos, que bem demonstravam ser sua tal obra. Logo se fizeram pazes com os gentios da terra e se tomou conselho onde se faria a nova cidade do Salvador, no qual também obrou muito o Senhor, porque se fez em muito bom sítio sobre o mar, toda cercada de água ao redor da cerca, e com muitas outras fontes de parte do mar e da terra; e os mesmos Índios da terra ajudam a fazer as casas e o mais em que os queiram ocupar; de maneira que vai tudo em grande crescimento e haverá já cem casas feitas, e começam-se Engenhos de açúcar, e plantam-se as canas e muitos algodões e muitos mantimentos, porque tudo dá a terra, posto que de algumas coisas dá sòmente a erva e de viçosa não dá o fruto.

....

Mas é muito de espantar ter dado tão boa terra tanto tempo a gente tão inculta, e que tão pouco o conhece, porque nenhum deus tem certo e qualquer, que lhe dizem, esse crêem. Regem-se por inclinação, a qual semper prona est ad malum, e apetite sensual, gente absque consilio et sine prudentia. Têm muitas mulheres enquanto se contentam delas e elas deles, sem entre eles ser vituperado. Têm guerra uns com os outros, scilicet, uma geração contra outra geração, a dez, e quinze, e vinte léguas, de maneira que todos entre si estão divididos. Se acontece que tomem alguns dos contrários na guerra trazem-nos presos algum tempo e dão-lhes as suas filhas por mulheres e para que os sirvam e guardem, e depois os matam e comem, com grandes festas e com ajuntamento dos vizinhos que vivem ao redor; e se destes tais ficam filhos, também os comem, ainda que sejam seus sobrinhos e irmãos e às vezes as próprias mães, e dizem que só o pai tem parte nele e a mãe não tem nada. Esta é a coisa mais abominável que entre esta gente há. Se matam algum na guerra trazem-no em pedaços e põem-no ao fumo e depois o comem com a mesma solenidade e festa, e tudo isto pelo ódio estranhável que têm uns aos outros. E nestas duas coisas, scilicet, em ter muitas mulheres e matar os seus contrários, consiste toda a sua honra e esta é a sua felicidade e desejo, o qual tudo herdaram do primeiro e segundo homem e aprenderam daquele qui ab initio mundi homicida est. E não têm guerra por cubiça que tenham, porque todos não têm nada além do que pescam e caçam e o fruto que toda a terra dá, mas sòmente por ódio e vingança; em tanta maneira que se dão uma topada atiram-se com os dentes ao pau ou pedra onde a deram, e comem piolhos e pulgas e toda a imundícia, apenas por se vingar do mal que lhes fizeram, como gente que ainda não aprendeu non reddendum malum pro malo. Quando morre algum deles enterram-no assentado e põem-lhe de comer com uma rede em que eles dormem, e dizem que as suas almas andam pelos montes e que vêm ali comer. Têm muita notícia do demónio e topam com ele de noite e têm grande mêdo dele. Andam com lume de noite por mêdo dele e esta é a sua defesa.

....

Mas agora direi as portas que Nosso Senhor abriu para escolher deles os que tem predestinados para si.

Começamos a visitar as suas Aldeias quatro companheiros que somos, e a conversar com eles familiarmente, apresentando-lhes o Reino do Céu se fizerem o que lhes ensinarmos. Estes são cá os nossos pregões, onde nos achamos, convidando aos rapazes a ler e escrever, e desta maneira lhes ensinamos a doutrina e lhes pregamos, porque com a mesma arte com que o inimigo da humana geração venceu ao homem, com essa mesma seja vencido: eritis, inquit, sicut dii scientes bonum et malum. Espantam-se eles muito de sabermos ler e escrever, do que têm grande inveja, e desejo de aprender, e desejam ser cristãos como nós, e só o impede o trabalho de os apartar de seus maus costumes, no que agora é todo o nosso estudo; e já, glória de Deus, nestas Aldeias que visitamos aqui, ao redor da cidade, se tiram muitos de matar e comer carne humana, e se algum o faz é longe daqui. Aonde chegamos somos recebidos com muito amor, mormente dos meninos a quem ensinamos. Já sabem muitos as orações e as ensinam uns aos outros. (...) E haverá bem seiscentos ou setecentos catecúmenos para bautizar em breve,

162 Cadernos de Literatura de Viagens

os quais aprendem todos muito bem, e alguns andam já atrás de nós pelos caminhos, perguntando-nos quando os havemos de bautizar, com grande desejo, prometendo viver como nós lhes dizemos. Acostumamos bautizar marido e mulher juntamente, e logo os casamos com as admoestações do que o verdadeiro matrimónio há-de ter, no qual consentem e são contentes, e nos são muito obedientes e quanto lhes mandamos.

....

De muitas partes somos chamados que lhes vamos ensinar as coisas de Deus e não podemos acudir a todos, porque somos poucos; e certamente não creio eu que em todo o mundo há terra tão disposta para tanto fruto como esta, onde vemos perecer as almas por falta, sem lhes poder valer: pelo menos acendemos-lhes as vontades para serem cristãos para que, se morrerem entretanto, forsitan dominus misereatur eorum.

....

Quando nós imos às Aldeias nunca nos desamparam os naturais, mas antes vão atrás de nós, aonde quer que imos, espantados do que lhes pregamos.

....

E pois a sua doutrina dá estes princípios, as suas orações os confirme diante da Divina Majestade, nas quais e na sua bênção de pai e mestre em Cristo Jesus me encomendo.

Desta Baía e Cidade do Salvador a dez dias de Agosto, dia de S. Lourenço, de 1549 anos.

Seu em Cristo Nosso Senhor sempre filho e discípulo.

Manuel da Nóbrega."

Padre Manuel da Nóbrega, "Carta ao Doutor Martín de Azpilcueta Navarro" (1549), *in Cartas do Brasil e mais escritos do P. Manuel da Nóbrega: opera omnia*, introdução e notas históricas e críticas de Serafim Leite, Coimbra, Universidade de Coimbra, 1955, pp. 45-57.

OS ARGUMENTOS PARA A ILEGITIMAÇÃO DA GUERRA JUSTA

FRANCISCO DE VITÓRIA

(N. 1486 – M. 1546) Francisco de Vitória foi um célebre catedrático de Salamanca, restaurador da Teologia em Espanha e fundador do Direito Internacional. As suas contribuições para a teoria da guerra justa foram inestimáveis. Ordenado Sacerdote em 1509, Vitória chegou a catedrático de Teologia sete anos depois. Até 1522, e durante a sua estadia em França enquanto professor, privou com distintas figuras do Humanismo que o inspiraram a estabelecer uma rara dialética entre a teologia escolástica e o pensamento humanista da época. Regressado a Espanha, ocupa a cátedra de Filosofia Moral, perpetrando uma das maiores inovações teológicas ao substituir as *Sentenças* de Santo Agostinho pela *Suma Teológica* de São Tomás de Aquino. Porém, só muito posteriormente é que esta obra seria formalmente aceite enquanto método privilegiado de ensino. Mesmo assim, o ensino de Vitória baseado na *Suma* foi rapidamente apoiado não só pelos alunos como pelo senado universitário. Além da sua intervenção nos assuntos do governo da Universidade, Francisco de Vitória tomou parte nas consultas que Carlos V encomendou à Universidade de Salamanca. De entre elas estavam as referentes à conquista e evangelização das Índias Ocidentais. Foi nesta conjuntura social que Vitória escreveu um dos seus mais representativos testemunhos acerca da causa indígena (bem como as bases do futuro direito de gentes): *Relectio de Indis: O Libertad de Los Indios* (1538-1539). Nesta extensa obra, o escolástico desenvolve uma intensa argumentação sobre questões pertinentes de caráter jurídico-teológico que, nos casos que aqui mais interessam considerar, se referem aos títulos como sejam os de legitimação das "conquistas" e dos poderes divinos e humanos que assistem ao Papa e ao Imperador. Para se ter uma ideia do pensamento deste dominicano, adiante se transcrevem os títulos dos capítulos I e II. A partir de cada item, Francisco de Vitória desenvolve metodicamente a sua argumentação. Pelo seu especial interesse, transcrevemos alguns trechos do capítulo II, relativos ao poder do Papa e do Imperador, e do capítulo III sobre a legitimação da guerra.

Destacam-se de entre as suas obras: *De Índis* (1538-1539); *De Jure Belli* (1539); *Conselho sobre se os senhores podem vender ou arrendar os ofícios* (1552); *Confessionário* (1562).

Cadernos de Literatura de Viagens

"SECTIO SECUNDA

SOBRE OS TÍTULOS ILEGÍTIMOS QUE PODERIAM SUBJUGAR OS BÁRBAROS DO NOVO MUNDO AO PODER ESPANHOL:

1. O primeiro título poderia compreender que o Imperador é o dono do mundo.

2. O Imperador não é o dono do mundo.

3. Mesmo que o Imperador fosse o senhor do mundo, isso não o legitimava a ocupar as províncias dos bárbaros, a eleger novos governantes, depondo os antigos, e a cobrar impostos.

4. O segundo título interposto compreede a autoridade do Sumo Pontífice.

5. O Papa não é o senhor civil ou temporal de todo o mundo, falando do domínio e da potestade civil em sentido próprio.

6. Ainda admitindo que o Sumo Pontífice detivesse a autoridade política sobre todo o mundo, essa não poderia ser transmitida aos príncipes seculares.

7. O Papa detém autoridade temporal sobre as coisas espirituais.

8. O Papa não tem nenhum poder temporal sobre os índios nem sobre os demais infiéis.

9. Mesmo que os bárbaros não queiram reconhecer a autoridade do Papa, não se pode, por isso, fazer-se-lhes guerra nem apoderar-se dos seus bens.

10. O terceiro título alegado é o direito ao descobrimento, o qual, a título primeiro, se fez ao mar Colombo, o Genovês.

11. Contempla-se um quarto título: que não querem receber a fé de Cristo, não obstante a sua proposição e exortação com insistentes rogos para a receberem.

15. Os bárbaros não são obrigados a acreditar imediatamente na fé de Cristo, de modo a pecar mortalmente por não crer no Evangelho que lhes é, simplesmente, anunciado.

....

21. O Quinto título refere-se aos pecados dos mesmos bárbaros.

23. O sexto título alegado é o da elecção voluntária.

24. O sétimo título que se poderia invocar é relativo a uma dádiva especial de Deus.

....

5. PRIMA PROPOSITIO: *O Papa não é o senhor civil ou temporal de todo o mundo, falando do domínio e da potestade civil em sentido próprio.*

Esta conclusão é de Torquemada, de Juan de Andrés e de Hugo de San Víctor. E o douctísimo Inocêncio IV confessa não possuir autoridade temporal sobre o próprio reino da França. Parece ser esta a mesma opinião de São Bernardo no segundo livro *De consideratione ad Eugenium*. Parece até que a tese oposta vai contra os desígnios do Senhor, que disse (Matthaeus 20, [25,26], e Lucas 22, [25,26]): *Sabeis que os príncipes dos gentis se assenhoraram deles*, etc.; *mas entre nós não será assim*. E contra o preceito do Apóstolo [I Petrus 5, 3]: *Não dominarás na herdade do Señor, senão te tornares exemplo para o rebanho*. E se Cristo não detém o domínio temporal, como antes concluimos como doutrina mais provável, de acordo com S.Tomás, muito menos o terá o Papa, que nos é mais que o seu vicário. Estes autores querem atribuir ao Papa um domínio que ele nunca reconheceu em si; foi-lhe ainda negada, pelo próprio Papa, a sua existência em não raras ocasiões, como já antes foi exposto. Prova-se suficientemente a tese com os mesmos argumentos usados para o caso do Imperador: O domínio não lhe pode pertencer, nem por direito natural, divino ou humano. Não certamente por direito natural e por direito humano. Para o caso do direito divino, este não consta em nenhuma parte, logo esta afirmação é gratuita e infundamentada.

E disse o Senhor a Pedro: *Apascenta as minhas ovelhas* [João. 27, 17], provando claramente que isto se refere à autoridade espiritual, não à temporal. Além de que está provado que o Papa não é o dono de todo o mundo, porque o Senhor disse que, no fim dos tempos, se formará um só rebanho com um só pastor. No presente, pode constatar-se que não são todos ovelhas de um mesmo rebanho. E dado que Cristo detém essa autoridade, consta que não a concedeu ao Papa. Está claro, porque o Papa representa apenas o vicariado espiritual e temporal de Cristo. Agora, o Papa não tem jurisdição espiritual sobre os infiéis, como confessam os mesmos adversários, o que comprova a doutrina expressa pelo Apóstolo (I ad Corinthii 5, [12]): *Que tenho eu que ajuizar sobre as coisas que estão fora da Igreja?* Logo, tampouco são compreendidas as coisas temporais.

E carece de valor o argumento que se expõe: *Cristo detém a autoridade temporal em todo o mundo, logo o Papa também a tem.* Porque Cristo detém, sem dúvida, autoridade espiritual em todo o mundo, a mesma sobre os fiéis e sobre os infiéis, e pode decretar leis obrigatórias em todo o mundo, como fez com o batismo e os demais artigos da fé. O Papa não tem tal autoridade sobre os fiéis, nem os pode excomungar, nem proibir entre eles os matrimónios nos graus permitidos pelo direito divino. E segundo os doutores, Cristo não transmitiu aos Apóstolos a sua autoridade suprema. Logo fica invalidada a consequência: Cristo detém a autoridade temporal sobre o mundo, logo também a detém o Papa.

......

8. CUARTA CONCLUSIO: O Papa não tem nenhum poder temporal sobre esses bárbaros nem sobre os demais infiéis.

Claramente se depreende esta tese da primeira e da terceira conclusão. Porque detém a autoridade temporal somente na orden do espiritual. Mas não tem autoridade espiritual sobre eles, como demonstram estas palavras (I ad. Corinthii 5, [12-13].) Logo, tampouco é temporal.

......

15. SECUNDA PROPOSITIO: *Os Bárbaros são obrigados a acreditar na fé de Cristo ao primeiro anúncio que se lhes faça sobre ela, de maneira que pecam mortalmente por não acreditar no que simplesmente lhes é anunciado e proposto, que a verdadeira religião é a cristã e que Cristo é o Salvador e Redentor do mundo sem interceder através de milagres e sem que sejam necessárias outras provas ou meios de persuasão.*

Esta conclusão comprova-se com a primeira. Porque, se inocentes, antes de terem ouvido o que fosse sobre a religião, tampouco a ela se têm de submeter depois da sua simples proposta e anúncio. Tal proposta não motiva o argumento subjacente à fé. Antes, como disse Caetano (Secunda Secundae, quaest. 4, art. 4), «imprudente e temerário será quem acredita em algo, sobretudo tratando-se de quem

Textos de religiosos e de outras personalidades 167

merece ou não a salvação, sem saber se quem o afirma é ou não uma pessoa fidedigna». Tal é o caso dos bárbaros, pois não sabem quem são ou de que condição são os que predicam essa nova religião.

Isso confirma-se porque, como afirma S. Tomás, (Secunda Secundae, quaest. I, art. 4, ad secundum, et art. 5, ad primum): "as coisas da fé são conhecidas e evidentes à luz do critério da credibilidade, pois os fiéis não acreditam se não virem o que deve ser acreditado, quer pela evidência dos sinais ou por outra razão semelhante". Logo, se não lhes forem apresentados esses sinais, ou outros motivos que os persuadam, os bárbaros não têm obrigação de acreditar.

Isto confirma-se, porque se supusermos que os cristãos propuseram aos maometanos a sua seita, tal como fizeram aos bárbaros, não existe dúvida de que não seriam obrigados a acreditar neles. Logo, tampouco nos cristãos que propagam a sua fé sem razões e motivos persuasivos. Porque não podem nem estão obrigados a adivinhar que religião é a mais verdadeira, se não lhe apresentarem os motivos mais prováveis para cada uma das partes; caso contrário, anuiriam com superficialidade, *o que é próprio dos corações levianos*, segundo o Eclesiástico, cap. 19, [4]. E isso confirma-se com São João 15, [24]: *Se não realizam milagres*, etc. *não existe pecado*. Logo, onde não existem milagres nem motivos, não há igualmente espaço para o pecado.

....

SECTIO TERTIA

SOBRE OS TÍTULOS LEGÍTIMOS QUE PODERIAM SUBJUGAR OS BÁRBAROS DO NOVO MUNDO AO PODER ESPANHOL:

1. Como poderiam os bárbaros subjugarem-se ao poder dos espanhóis sustentados pela razão da sociedade e comunicação natural? Os espanhóis têm direito a percorrer os territórios dos índios e ali permanecerem, desde que não causem danos aos bárbaros e que estes não os proíbam.

2. É lícito aos espanhóis comercializarem com os bárbaros, sem prejuízo da sua pátria, e importando mercadorias das quais carecem, exportando ouro, prata e outros materiais que lá abundam; e os prín-

168   Cadernos de Literatura de Viagens

cipes índios não podem impedir os seus súbditos de comercializarem com os espanhóis.

6. Se depois de terem tentado todos o tipo de precauções, os espanhóis não podem obter garantias de paz com os índios sem ocupar as suas cidades e subjugando-os. Poderiam licitamente fazer isto, isto é, decidir ocupar as suas cidades e subjugá-los?

7. Quando, e em que casos, poderiam os espanhóis atuar contra os bárbaros como contra os inimigos declarados e aplicar-lhes todos os direitos de guerra, despojando-os e reduzindo-os ao cativeiro, depondo os seus antigos senhores e nomeado outros?

8. Podem os índios sucumbir ao poder espanhol através da propagação da religião cristã? Os cristãos têm direito a pregar e anunciar o Evangelho nas províncias dos bárbaros?

....

10. Se os bárbaros permitem aos espanhóis pregar o Evangelho sem obstáculos e livremente, mesmo que recebam ou não a fé, não é lícito declarar-se-lhes guerra nem apoderar-se dos seus bens.

....

7. SÉPTIMA CONCLUSIO: *Além disso, se depois de os espanhóis terem provado, com toda a diligência, palavras e feitos, que a sua intenção não é a de estorvar a vida pacífica dos bárbaros, nem imiscuir-se nos seus assuntos, e que, não obstante, os bárbaros persistam na sua má vontade e malevolência contra os espanhóis, então estes poderão atuar, não contra inocentes, mas sim contra inimigos declarados, e aplicar-lhes todos os direitos de guerra, despojando-os e reduzindo-os ao cativeiro, depondo os seus antigos senhores e nomeado novos, porém, sempre com moderação e segundo a qualidade dos delitos e da injustiças.*

A conclusão é evidente porque se é legítimo fazer-lhes guerra, será também lícito fazer o uso de todos os direitos de guerra. E, de facto, confirma-se que não devem ser de melhor condição por serem infiéis. Porém, se seria legítimo fazer todas estas coisas com os cristãos durante uma guerra justa, o mesmo poderá também se fazer com eles. Além disso, é sabido que o princípio do direito de gentes determina que todas as coisas cativadadas na guerra passem ao poder do vencedor, como está estabelecido em 1. *si quid in bello*, e em 1. *hostes*, ff., as leis do *Digesto*, e no *Decreto*, mais precisamente nas *Instituições*, onde se afirma que por direito de gentes, aquilo que é tomado dos inimigos passa imediatamente a ser nosso, até mesmo ao ponto em que também os homens se convertem em nossos servos.

Ainda, porque (como dizem os doutores quando se referem à guerra) o príncipe que faz uma guerra justa converte-se, por força do mesmo direito, no juiz dos inimigos e pode castigá-los juridicamente e condená-los de acordo com a qualidade dos delitos.

E corrobora-se tudo o que foi dito, que, por direito de gentes, os embaixadores são invioláveis. Todavia, os espanhóis atuam como embaixadores dos cristãos. Logo, os bárbaros são obrigados, pelo menos, a ouvi-los com benevolência e não rejeitá-los.

Este é, pois, o primeiro título que permite aos espanhóis ocupar os territórios [e os reinos] dos bárbaros, com a condição de que isso se fará sem dolo nem fraude, não criando, igualmente, pretextos para se fazer a guerra. Se os bárbaros permitirem aos espanhóis comercializar pacificamente com eles, então nenhuma causa justa se poderá alegar na ocupação dos bens dos cristãos."

Francisco de Vitória, *Relectio de Indis: O Libertad de Los Indios*, Madrid, Consejo Superior de Investigaciones Cientificas, 1967, pp. 32-63.

AS OBJECÇÕES À "GUERRA JUSTA"

PADRE FERNÃO DE OLIVEIRA

(N. 1507 – M. 1581) De mentalidade dissidente e temperamental, Fernão de Oliveira teve uma vida marcada pelo sobressalto e pelas divergências morais com a Igreja e com a autoridade portuguesa, tendo sido preso pela Inquisição por defender as posições heréticas de Henrique VIII. Desiludido com os dominicanos, expatria-se para França em 1545 onde aprende a arte da navegação. Elaborou a primeira gramática de língua portuguesa (*Gramática de Lingoagem Portuguesa*), mas foi como piloto naval e soldado que mais se destacou, publicando notáveis obras de estratégia e engenharia naval, como a *Ars Náutica* (o primeiro tratado enciclopédico mundial que versa todas as questões ligadas à engenharia náutica e à navegação), o *Livro da Fábrica das Naus* e a presente *Arte da Guerra do Mar*. Ao lermos o primeiro parágrafo do II capítulo desta obra, apercebemo-nos de que Fernão de Oliveira foi também um leitor dos clássicos, nomeadamente de São Tomás de Aquino. As razões fundamentadas para a guerra justa provêm de leituras atentas e maturadas da *Suma Teológica* à luz da sua contemporaneidade. Na verdade, se considerarmos o progresso de São Tomás de Aquino nos estudos teológicos, concluímos que essa dialética entre a teologia e o Aristotelismo só poderia ganhar a sua verdadeira dimensão com o advento do Renascimento, movimento de que Fernão de Oliveira foi exímio representante, ao dedicar-se a vários campos do domínio científico e religioso. Pensando que a guerra justa poderia ser feita sob determinadas razões, surpreendem-nos as considerações morais de Oliveira que condenam a escravatura, a invasão, o comércio de escravos e a utilização de armas de fogo. O autor esclarece-nos ainda que: "Não podemos fazer guerra justa aos infiéis que nunca foram Cristãos, como são mouros, e judeus e gentios, que connosco querem paz, e não tomaram nossas terras, nem por alguma via prejudicam à cristandade. Porque com todos é bem que tenhamos paz se for possível (...)" e porque "tomar as terras, impedir a fraqueza dela, cativar as pessoas daqueles que não blasfemam de Jesus Cristo, nem resistem à pregação de sua fé, quando com modéstia lha pregam / é manifesta tirania".

Destacam-se de entre as suas principais obras: *Gramática da Língua Portuguesa* (1536); *Arte da Guerra do Mar* (1555); *Ars Náutica* (1570); *Livro da Fábrica das Naus* (1580).

"Cap. II. De quem pode fazer guerra

A guerra posto que justa, não se pode fazer, senão per mandado del Rey ou Principe, ou pessoa encarregada da governança e defensam dalgum pouo sem ter outro superior, porq a estes he cometida a defensam desse pouo, e a guerra por defensam delle, ou conseruação de sua justiça e da fee se deue fazer. Do q diz assy Sant. Agostinho. A ordẽ natural dos homẽs, acomodada pera conseruação da paz, reqere q soo os princepes tenhão autoridade pera fazer guerra. A rezão he esta. Quãto ao principal q se deve cõsiderar acerca da guerra, ella dçve ser justa e sendo justa, não he outra cousa guerra senão hi suprimçto da judicatura cõtra aqlles que nã sam sometidos, ou resistẽ aa jurisdição de superiores. Contra os quaes he necessario usar de força, mas a força deue ser justificada, porq doutra feyçã sera tyranica. E porq nos proprios casos ninguç pode ser bo juyz, nã se permite esta força senão aos protectores da prol comum, como sam os princepes que tem carrego de cõservar e defçder seus suditos. E nã se permite a todo procurador do comũ, senão o que tẽ mandado e jurdiçã sobre pouo, nẽ a todo que tem jurdiçam, senão aos q não tem superiores. E não cõtra todas pessoas senã contra outros seus semelhãtes q tambẽ nam tem superiores, ou contra quem nã obedece a superior, como sã os reueys e aleuantadiços per mar e per terra, cossayros e bandoleyros. Os quaes porque se nã querem someter a nenhũ juyzo, cumpre usar coelles de força. He também permitida a guerra aos princepes e não aos inferiores por outra rezã, e he esta, q elles e não outrẽ pode apelidar o povo, o qual cumpre antreuenha na guerra por si, ou per sussidio de fazenda, ao que ninguem pode obrigar os homẽs senão o princepe, e nam absolutamente. Afim que soo aos princepes soberanos he licito fazer guerra. E assi lhe he licito, q se a nam fazem quando he necessario, peccão, e darão disso conta a seu superior que he o summo Deos, que os disso encarregou.

....

E assy he nos cuydados dos reys q sã cõfusos polla muyta difnsão das cousas que ministra. São difusos, diz Salomã, os corações dos reys como as correntes das agoas, e o senhor deos os tẽ na sua mão, e os inclina pera onde elle qr. Alẽ disto, q os negocios dos reys sam ignotos as outros homçs por serẽ de qualidade q a eles nã convç, tãbem cõ isso deos de industria lhos escõde, mouẽdoos ou inclinandoos de improviso pa onde elle qr sç ninguç entender as causas, nẽ os mesmos reys aas vezes. Digo q as cousas q os reys tratão e ministrão, sã de tal qualidade, q os outros homẽs os nã podẽ cõpẽder, porq as nã praticã, qua he muy deferçte a pratica das cousas disso q chamã theorica dellas, tãto q por muy claros entẽdimetos q tenhão os homçs, nç doutrina muy expressa das cousas, nica tç dellas certeza senã despoys q as espremẽtã per pratica e execuçã.

....

Porem Alexandre manho dizia q era proprio de reys e grãdes barões sofrer murmuradores desarrezoados. Tornãdo o nosso proposito, os reys sã obrigados a defender seu povo, mas não podç acudir a todalas partes (...).

....

Cap. III. Qual he guerra justa

....

A guerra justa q podemos fazer, segido santo Agostinho, he aquella que castiga as sem justiças q algia gente fez e nam quer emendar. Ou a que defende o seu bãdo dos que injustamente o querem offender, porq grande bem faz, diz elle, quç aos maos tira licença de fazer mal. E sobre todas he justa a guerra q castiga as offçsas de Deos contra aquelles que delle blasfemão, ou deyxão sua fee, como sã hereges, e apostatas, ou empedẽ a pregação della, e perseguem as pessoas que se a ella conuertem, qua mays obrigados somos emendar as offensas de Deos que as nossas. Onde se deue notar, que nam a todos infieys nem sempre podemos justamente fazer guerra, segido a sancta madre ygreja em seus decretos determina. Nã podemos fazer guerra justa aos infieys que nunca forão Christãos, como sam mouros, e judeus, e gentios, que cõ nosco querem ter paz, e nam tomaram nossas terras, nem per algũa via perjudicam aa christandade. Porque com todos he bem que tenhamos paz se for possivel (...).

....

Tomar as terras, empedir a franqueza dellas, cativar as pessoas daquelles que nam blasfemão de Jesus Christo, nem resistem aa pregação de sua fee, quãdo com modéstia lha pregão / he manifesta tyrania. E não he nesta parte boa escusa dizer, que elles se vendem his a outros, qua nam deyxa de ter culpa quem compra o mal vendido, e as leys humanas desta terra e doutras o cõdenão, porque se não ouuesse compradores não haueria maos vẽdedoras, nem os ladrões furtarião pera vender. Assim q nos lhe damos occasiam pera se enganarẽ hũs a outros e se rouberẽ, e forçarẽ, e venderem, poylos imos comprar o que não fariam se laa nã fossemos a isso, nẽ jamays o fẽzerã, senã despoys que os nos a ysso induzimos. Nos fomos os inventores de tam mao trato, nunca vsado nẽ ouuido antre humanos. Nam se acharaa, nem rezam humana cõsinte, que jamays ouvesse no mundo trato pubrico e liure de comprar e vender homens livres e pacificos, como quem compra e vende alimárias, boys ou cauallos e semelhantes. Assim os tãgem, assi os constrangem, trazem, e leuão, e prouão, e escolhem com tanto desprezo e impeto, como faz o magarefe ao gado no curral. Nam soomente elles, mas tambem seus filhos, e toda geração, despoys de quaa nascidos e Christãos nunca tem remissam. Jaa que damos a isto cor de piedade christam, dizendo que os trazemos a fazer christãos, nam seria mal usar co elles dessa piedade, e darlhes algum jubileu despoys de seruirem certo tempo limitado por ley."

Fernão de Oliveira, *A Arte da Guerra do Mar*, novamente escrita por Fernando Oliveyra, em Coimbra: per Iohão Aluarez, 1555.

UMA VISÃO DIFERENTE
DOS ÍNDIOS E "SELVAGENS"

MICHEL DE MONTAIGNE

(N. 1533 – M. 1592) Considerado um dos mais influentes pensadores do Humanismo renascentista, Montaigne antecipou alguns dos mais importantes conceitos dos estudos literários e sociais trabalhados no século XVIII e, posteriormente, desenvolvidos como sistemas base característicos da última modernidade. Nos seus *Essais*, Montaigne afasta-se radicalmente das teorias e práticas em vigor no entendimento do índio, estudando-o, e ao homem em geral, em toda a sua magnitude intelectual e sensitiva. "Des Cannibales" reflete acerca de tabus morais e sociais contemporâneos que ainda hoje inquietam antropólogos. Ao considerar o índio como um ser puro e selvagem, Montaigne reporta-se às origens do homem e abre caminho para a relativização da relação maniqueísta entre os conceitos de "bom" e "mau", problematizada mais tarde no século XVIII por Rousseau e pelo Marquês de Sade. Porém, ainda que homem do seu tempo, Montaigne não deixa de colocar em dialéctica ideias que, mais tarde, viriam a caracterizar a obra desses dois autores: o conceito do "bom selvagem" de Rousseau e a problemática da inocência que Sade explora enquanto fronteira com a maldade. Por não conhecerem instituições nem conceitos pré-definidos, os índios preconizavam uma liberdade que fora confundida com um tipo de barbaridade incompatível com a noção de bem. No entanto, o autor do ensaio revela que "bárbaro" é tudo aquilo que é estranho ao homem civilizado, intuindo que todas as culturas, em dado momento, podem ser alvo de algum tipo de marginalização. Daí que a prática do necrocanibalismo pelos Tupinambás seja encarada por Montaigne como não sendo mais estranha ou condenável do que os "vícios familiares" da crueldade, da traição e da tortura praticados pelo homem civilizado.

Obras principais: *Essais* (1580), *Journal de Voyage* (1581).

"Quand le Roy Pyrrhus passa en Italie, apres qu'il eut reconneu l'ordonnance de l'armée que les Romains luy envoyoient au devant: Je ne sçay, dit-il, quels barbares sont ceux-ci (car les Grecs appelloyent ainsi toutes les nations estrangieres), mais la disposition de cette armée que je voy, n'est aucunement barbare. Autant en dirent les Grecs de celle que Flaminius fit passer en leur païs, *(c)* et

Philippus, voyant d'un tertre l'ordre et distribution du camp Romain en son royaume, sous Publius Sulpicius Galba. *(a)* Voylà comment il se faut garder de s'atacher aux opinions vulgaires, et les faut juger par la voye de la raison, non par la voix commune.

J'ay eu long temps avec moy un homme qui avoit demeuré dix ou douze ans en cet autre monde qui a esté descouvert en nostre siecle, en l'endroit où Vilegaignon print terre, qu'il surnomma la France Antartique. Cette descouverte d'un païs infini semble estre de consideration. Je ne sçay si je me puis respondre que il ne s'en face à l'advenir qualqu'autre, tant de personnages plus grands que nous ayans esté trompez en cette-cy. J'ay peur que nous avons les yeux plus grands que le ventre, et plus de curiosité que nous n'avons de capacité. Nous embrassons tout, mais nous n'étreignons que du vent.

....

Or, je trouve, pour revenir à mon propos, qu'il n'y a rien de barbare et de sauvage en cette nation, à ce qu'on m'en a rapporté, sinon que chacun appelle barbarie ce qui n'est pas de son usage; comme de vray il semble que nous n'avons autre mire de la verité et de la raison que l'exemple et idée des opinions et usances du païs où nous sommes. Là est tousjours la parfaicte religion, la parfaicte po-lice, perfect et accomply usage de toutes choses. Ils sont sauvages, de mesmes que nous appellons sauvages les fruicts que nature, de soy et de son progrez ordinaire, a produicts : là où, à la verité, ce sont ceux que nous avons alterez par nostre artifice et detournez de l'ordre commun, que nous devrions appeller plutost sauvages. En ceux là sont vives et vigoureuses les vrayes, et plus utiles et naturel-les vertus et proprietez, lesquelles nous avons abastardies en ceux-cy, et les avons seulement accommodées au plaisir de nostre goust corrompu. *(c)* Et si pourtant la saveur mesme et delicatesse se treuve à nostre gout excellente, à l'envi des nostres, en divers fruits de ces contrées-là, sans culture. *(a)* Ce n'est pas raison que l'art gaigne le point d'honneur sur nostre grande et puissante mere nature. Nous avons tant rechargé la beauté et richesse de ses ouvrages par nos inventions, que nous l'avons du tout estouffée. Si est-ce que, par tout où sa pureté reluit, elle fait une merveilleuse honte à nos vaines et frivoles entreprinses,

Textos de religiosos e de outras personalidades

(b) Et veniunt ederae sponte sua melius,
Surgit et in solis formisior arbutus antris,
Et volucres nulla dulcis arte canunt[1].

(a) Ces nations me semblent donq ainsi barbares, pour avoir receu fort peu de façon de l'esprit humain, et estre encore fort voisines de leur naifveté originelle. Les loix naturelles leur commandent encores, fort peu abastardies par les nostres; mais c'est en telle pureté, qu'il me prend quelque fois desplaisir dequoy la cognoissance n'en soit venuë plustost, du temps qu'il y avoit des hommes qui en eussent sceu mieux juger que nous. Il me desplait que Licurgus et Platon ne l'ayent eüe; car il me semble que ce que nous voyons par experience en ces nations là, surpasse, non seulement toutes les peintures dequoy la poësie a embelly l'age doré, et toutes ses inventions à feindre une heureuse condition d'hommes, mais encore la conception et le desir mesme de la philosophie. Ils n'ont peu imaginer une nayfveté si pure et simple, comme nous la voyons par experience; ny n'ont peu croire que nostre societé se peut maintenir avec si peu d'artifice et de soudeure humaine. C'est une nation, diroy je à Platon, en laquelle il n'y a aucune espece de trafique; nulle cognoissance de lettres; nulle science de nombres; nul nom de magistrat, ny de superiorité politique; nul usage de service, de richesse ou de pauvreté; nuls contrats; nulles successions; nuls partages; nulles occupations qu'oysives; nul respect de parenté que commun; nuls vestemens; nulle agriculture; nul metal; nul usage de vin ou de bled. Les paroles mesmes qui signifient le mensonge, la trahison, la dissimulation, l'avarice, l'envie, la detraction, le pardon, inouies. Combien trouveroit il la republique qu'il a imaginée, esloignée de cette perfection: *(c)* «viri a diis recentes[2]».

(c) Hos natura modos primum dedit[3].

---

[1] «Le lierre vient bien mieux quand il vient de lui-même, l'arbousier croît plus beau dans le coins solitaires, et les oiseaux sans art n'en ont qu'un chant plus doux.» (Properce, I, II, 10.)

[2] «Hommes tout frais sortis d'entre les mains de Dieux.» (Sénèque, *Lettres*, XC.)

[3] «La Nature d'abord leur imposa ces lois.» (Virgile, *Géorgiques*, I, 20.)

(a) Au demeurant, ils vivent en une contrée de païs tresplaisante et bien temperée; de façon qu'à ce que m'ont dit mes tesmoings, il est rare d'y voir un homme malade; et m'ont asseuré n'en y avoir veu aucun tremblant, chassieux, edenté, ou courbé de vieillesse. Ils sont assis de long de la mer, et fermez du costé de la terre de grandes et hautes montaignes, ayant, entre-deux, cent lieuës ou environ d'estendue en large. Ils ont grande abondance de poisson et de chairs qui n'ont aucune ressemblance aux nostres, et les mangent sans autre artifice que de les cuire. Le premier qui y mena un cheval, quoy qu'il les eust pratiquez à plusieurs autres voyages, leur fit tant d'horreur en cette assiete, qu'ils le tuerent à coups de traict, avant que le pouvoir recognoistre. Leurs bastimens sont forts longs, et capables de deux ou trois cents ames, estoffez d'escorse de grands arbres, tenans à terre par un bout et se soustenans et appuyans l'un contre l'autre par le feste, à la mode d'aucunes de noz granges, desquelles la couverture pend jusques à terre, et sert de flanq. Ils ont du bois si dur qu'ils en coupent, et en font leurs espées et des grils à cuire leur viande. Leurs lits sont d'un tissu de coton, suspenduz contre le toict, comme ceux de nos navires, à chacun le sein: car les femmes couchent à part des maris. Ils se levent avec le soleil, et mangent soudain apres s'estre levez, pour toute la journée; car ils ne font autre repas que celuy là. Ils ne boyvent pas lors, comme Suidas dict de quelques autres peuples d'Orient, qui beuvoient hors du manger; ils boivent à plusieurs fois sur jour, et d'autant. Leur breuvage est faict de quelque racine, et est de la couleur de nos vins clairets. Ils ne le boyvent que tiede: ce breuvage ne se conserve que deux ou trois jours; il a le goust un peu piquant, nullement fumeux, salutaire à l'estomac, et laxatif à ceux qui ne l'ont accoustumé: c'est une boisson tresagreable à qui y est duit. Au lieu du pain, ils usent d'une certaine matiere blanche, comme du coriandre confit. J'en ay tasté: le goust en est doux et un peu fade. Toute la journée se passe à dancer. Les plus jeunes vont à la chasse des bestes à tout des arcs. Une partie des femmes s'amusent cependant à chauffer leur breuvage, qui est leur principal office. Il y a quelqu'un des vieillars qui, le matin, avant qu'ils se mettent à manger, presche en commun toute la grangée, en se promenant d'un bout à autre, et redisant une mesme clause à plusieurs fois, jusques à ce qu'il ayt achevé le tour (car ce sont bastimens qui ont bien cent pas de longueur). Il ne leur recommande

Textos de religiosos e de outras personalidades

que deux choses: la vaillance contre les ennemis et l'amitié à leurs femmes. Et ne faillent jamais de remerquer cette obligation, pour leur refrein, que ce sont elles qui leur maintiennent leur boisson tiede et assaisonnée. Il se void en plusieurs lieux, et entre autres chez moy, la forme de leurs lits, de leurs cordons, de leurs espées et brasselets de bois dequoy ils couvrent leurs poignets aux combats, et des grandes cannes, ouvertes par un bout, par le son desquelles ils soustiennent la cadance en leur dancer. Ils sont ras par tout, et se font le poil beaucoup plus nettement que nous, sans autre rasouër que de bois ou de pierre. Ils croyent les ames eternelles, et celles qui ont bien merité des dieux, estre logées à l'endroit du ciel où le soleil se leve; les maudites, du costé de l'Occident.

....

(a) Ils ont leurs guerres contre les nations qui sont au delà de leurs montaignes, plus avant en la terre ferme, ausquelles ils vont tous nuds, n'ayant autres armes que des arcs ou des espées de bois, apointées par un bout, à la mode des langues de nos espieuz. C'est chose esmerveillable que de la fermeté de leurs combats, qui ne finissent jamais que par meurtre et effusion de sang; car, de routes[4] et d'effroy, ils ne sçavent que c'est. Chacun raporte pour son trophée la teste de l'ennemy qu'il a tué, et l'attache à l'entrée de son logis. Apres avoir long temps bien traité leurs prisonniers, et de toutes les commoditez dont ils se peuvent aviser, celuy qui en est le maistre, faict une grande assemblée de ses cognoissans : il attache une corde à l'un de bras du prisonnier, *(c)* par le bout de laquelle il le tient, esloigné de quelques pas, de peur d'en estre offencé, *(a)* et donne au plus cher de ses amis l'autre bras à tenir de mesme; et eux deux, en presence de toute l'assemblée, l'assomment à coups d'espée. Cela faict, ils le rostissent et en mangent en commun et en envoient des lopins à ceux de leurs amis qui sont absens. Ce n'est pas, comme on pense, pour s'en nourrir, ainsi que faisoient anciennement les Scythes: c'ést pour representer une extreme vengeance. Et qu'il soit ainsi, ayant apperçeu que les Portuguois, qui s'estoient r'alliez à leurs adversaires, usoient d'une autre sorte de mort contre eux, quand ils

---

[4] Déroutes.

les prenoient, qui estoit de les enterrer jusques à la ceinture, et tirer au demeurant du corps force coups de traict, et les pendre apres: ils penserent que ces gens icy de l'autre monde, comme ceux qui avoyent semé la connoissance de beaucoup de vices parmy leur voisinage, et qui estoient beaucoup plus grands maistres qu'eux en toute sorte de malice, ne prenoient pas sans occasion cette sorte de vengeance, et qu'elle devoit estre plus aigre que la leur, commencerent de quitter leur façon ancienne pour suivre cette-cy. Je ne suis pas marry que nous remerquons l'horreur barbaresque qu'il y a en une telle action, mais ouy bien dequoy, jugeans bien de leurs fautes, nous soyons si aveuglez aux nostres. Je pense qu'il y a plus de barbarie à manger un homme vivant qu'à de manger mort, à deschirer, par tourmens et par geénes, un corps encore plein de sentiment, le faire rostir par le menu, le faire mordre et meurtrir aux chiens et aux pourceaux (comme nous l'avons, non seulement leu, mais veu de fresche memoire, non entre des ennemis anciens, mais entre des voisins et concitoyens, et, qui pis est, sous pretexte de pieté et de religion), que de le rostir et manger apres qu'il est trespassé.

....

Et les medecins ne craignent pas de s'en servir à toute sorte d'usage pour nostre santé; soit pour l'appliquer au dedans ou au dehors; mais il ne se trouva jamais aucune opinion si desreglée qui excusat la trahison, la desloyauté, la tyrannie, la cruauté, qui sont nos fautes ordinaires.

Nous les pouvons donq bien appeller barbares, eu esgard aux regles de la raison, mais non pas eu esgard à nous, qui les surpassons en toute sorte de barbarie. Leur guerre est toute noble et genereuse, et a autant d'excuse et de beauté que cette maladie humaine en peut recevoir: elle n'a autre fondement parmy eux que la seule jalousie de la vertu. Ils ne sont pas en debat de la conqueste de nouvelles terres, car ils jouyssent encore de cette uberté naturelle qui les fournit sans travail et sans peine de toutes choses necessaires, en telle abondance qu'ils n'ont que faire d'agrandir leur limites. Ils sont encore en cet heureux point, de ne desirer qu'au tant que leurs necessitez naturelles leur ordonnent: tout ce qui est au delà, est superflu pour eux. Ils s'entr'appellent generalement, ceux de mesme aage, freres; enfans, ceux qui sont au dessoubs; et les vieillards sont peres à tous les

Textos de religiosos e de outras personalidades

181

autres. Ceux-cy laissent à leurs heritiers en commun cette pleine possession de biens par indivis, sans autre titre que celuy tout pur que nature donne à ses creatures, les produisant au monde. Si leurs voisins passent les montaignes pour les venir assaillir, et qu'ils emportent la victoire sur eux, l'acquest du victorieux c'est la gloire, et l'avantage d'estre demeuré maistre en valeur et un vertu: car autrement ils n'ont que faire des biens des vaincus, et s'en retournent à leur pays, où ils n'ont faute de aucune chose necessaire, ny faute encore de cette grande partie, de sçavoir heureusement jouyr de leur condition et s'en contenter. Autant en font ceux-cy à leur tour. Ils ne demandent à leur prisonniers autre rançon que la confession et recognoissance d'estre vaincus; mais il ne s'en trouve pas un, en tout un siecle, qui n'ayme mieux la mort que de relascher, ny par contenance, ny de parole, un seul point d'une grandeur de courage invincible: il ne s'en void aucun qui n'ayme mieux estre tué et mangé, que de requerir seulement de ne l'estre pas. Ils les traictent en toute liberté, affin que la vie leur soit d'autant plus chere; et les entretiennent communément des menasses de leur mort future, des tourmens qu'ils y auront à souffrir, des apprests qu'on dresse pour cet effect, du detranchement de leurs membres, et du festin qui se fera à leurs despens. Tout cela se faict pour cette seule fin d'arracher de leur bouche quelque parole molle ou rabaissée, ou de leur donner envie de s'en fuyr, pour gaigner cet avantage de les avoir espouvantez, et d'avoir faict force à leur constance. Car aussi, à le bien prendre, c'est en ce seul point que consiste la vraye victoire:

(c) victoria nulla est

Quam quae confessos animo quoque subjugat hostes.[5]"

Michel de Montaigne, "Des Cannibales", *in Essais*, texte établi et annoté par Albert Tibaudet, Paris, La Nouvelle Revue Française, 1939, pp. 210-222.

---

[5] «Il n'y a de victoire que lorsque l'ennemi, dompté, le reconnaît.» (Claudien, *Du Sixième Consulat*, 248.)

OS "LÍNGUAS" AO SERVIÇO
DOS PREDADORES

FREI CRISTÓVÃO DE LISBOA

(N. 1583– M. 1652) A intervenção missionária de Frei Cristóvão de Lisboa é conhecida pela catequização dos índios brasileiros e pela apologética favorável à sua libertação. Além da motivação que sempre sentiu em voluntariar-se na catequização dos índios, o contacto que tivera em Lisboa com o primeiro historiador do Brasil, Frei Vicente do Salvador, despertou-lhe a vontade de contribuir para a atividade missionária. Desembarcado no Brasil em 1625, a sua ação de evangelização e apoio aos índios centrou-se sobretudo nas regiões do Maranhão e do Pará. Contextualizada pela monarquia de D. Filipe IV, a partida de Frei Cristóvão de Lisboa inseriu-se num conjunto de medidas que a coroa hispano-portuguesa havia preparado para doutrinar e povoar o Maranhão e Grão-Pará. Quando chegou, Lisboa ameaçou excomungar quem castigasse os índios, ordenou que se queimassem todos os livros franceses de conduta herética, determinou que se destruíssem as cartas de jogar e as orações supersticiosas e que se travasse a concubinagem com as índias e mestiças. Porém, a sua proposta de abolição das mercês feitas aos colonos administrativos não fora bem sucedida junto do senado. Ainda que os resultados dos seus esforços na defesa da causa dos índios e na diminuição das injustiças morais e materiais não se tivessem imposto perante a maioria, os seus sermões representam algumas das páginas mais significativas da construção da democracia no começo da civilização brasileira. No "Sermão da Nossa Senhora da Apresentação", Frei Cristóvão de Lisboa argumenta contra um dos males que assolava os sertões brasileiros: a crueldade dos criados dos capitães, os chamados "línguas", cuja má conduta e pervertido sentido de vassalagem continuavam a caracterizar o cumprimento das ordens dos seus superiores.

De entre as principais obras de Frei Cristóvão de Lisboa contam-se: *Santoral de Vários Sermões de Santos* (1638); *Sermão da Terceira Dominga do Advento na Misericórdia de Lisboa, quando se jurou el Rei D. João o IV por Rei deste Reino* (1641); *História natural e moral do Maranhão*; *Jardim da Sagrada Escritura* (1653).

"Mas deixo as cousas particulares, em que os senhores para bem devem de dar toda a boa criaçaõ aos filhos, criados, & escravos; & dado que algũs faltaõ em materia taõ sustancial, passarei avante, & trattarei de hũs criados q ha na conquista assás prejudiciaes, &

184   Cadernos de Literatura de Viagens

nocivos. Estes são as lingoas dos sertões, elles saõ criados dos capitães, & cabeças, porque os servem, lhes[s] obedecem, cõtinuaõ em suas casas, andão em sua escola, saõ seus discípulos, & aprendem sua doutrina, servemse delles no povoado, para por seu meyo despovoarem os sertões, por povoados que estejão.

Parte pois hum capitaõ destes, leva hum par de lingoas criados em sua doutrina, & às vezes de sua casa, aposentase em huma aldea, ali lhe ve a lingoa tomar as molheres, & os filhos dos Indios, roubar a pobreza dos moradores, avexalos, & afrontalos, & naõ reparar em levar os livres por cativos; polo que ensinado a lingoa com semelhantes obras, & com palavras antecedentes da mesma laya, sae da aldeia por seu mandado a buscar escravos por outras, & faz em todas por onde passa, mil exorbitancias, & insolencias, porque elle quer que seu mestre naõ lhe leve ventagem na maldade; não lhe fica india moça que não deshonre; espanca, ameaça, afronta aos principaes das aldeas, & no furtar leva ventagem a seu amo, que o mandou, porque rouba por tres, que tantos quinho½s faz, convem a saber, hum para o capitão, outro para o cabeça que leva, & outro para si, & este derradeiro he sempre aventajado aos dous, porque furta para ter com que se livrar, & para lhe ficar, que nenhum quer ser alfayate das encruzilhadas, que poem as linhas de sua casa, & assim cada lingoa furta com hi garfo de tres ganchos, como os criados de Ophni, & Phinees, convem a saber para si, & mais para que toda a sua criação, & ensino consiste em dar azas & unhas, & não dar mais de comer, depois que as dá do mesmo modo saõ as maos que aqui o Senhor compara ás aguias, porque toda a doutrina, ensino, & criação que daõ aos filhos & criados, se reduz em azas & unhas, em lhes conceder liberdade para furtar, & em lhes ensinar traças de roubar: & para exercitarem melhor esta doutrina, saõ como as aguias, naõ daõ de comer, nem de beber, nem de vestir aos criados & filhos, para usarem das azas & unhas com mòr vontade, continuaçaõ, & destreza. Ameaça pois Deos com estes filhos, & criados dos màos, & naõ com os senhores: por nos mostrar que os taes saõ ainda muitos peyores em tudo que os amos, & pays: & não propoem Deos outra mòr pena temporal a homẽs taõ impios, como saõ os que desacataõ aos proprios pays: por nos mostrar que naõ lhe pode dar mòr castigo temporal em certo modo: que serem entregues nas mãos dos filhos, & criados mal criados, porque na verdade he a mais acerrima praga que pode vir sobre hũa terra; & bem he que se vè isto em todos aquelles onde ha semelhante gente, não falta ella nestas conquistas. E deixando de fallar nas casas particulares em que não ha pouco que fallar, trattemos do comum.

Ponde os olhos nestes sertões, vede quem os tem assolados [sic], que estaõ de sorte que inda choveraõ rayos dos ceos sobre elles, naõ ficaraõ (a bem de fallar) taõ abrazados, & achareis que toda esta ruina & perdiçaõ fezeraõ os filhos das aguias. *Comedant eum filij aquilae*. Os sertancijos, & lingoas saõ os filhos, & criados dos capitaẽs & mayores, que se tem por aguias, & elles saõ aguias na conformidade dessa autoridade que apontei; perguntai com que mantem a esses filhos, & a estes criados, que soldo lhe pagaõ, que vestido lhe buscão, q raçaõ lhe daõ, & achareis q tudo se resume em azas e unhas, é liberdade para furtar, & em traças de roubar. Partem para o sertaõ as linguas, & sertancijos; haõ de andar là por todo hum anno, que as entradas que se fazem nos sertões, saõ sem saida, & para melhor dizer, naõ saõ entradas, mas estadas: vede que mantimento levaõ, ou que ordem para o comprarem, que boa moeda lhe daõ assàs corrente na terra, azas & unhas; metemse nas canoas com trinta topinambazes remeiros que lhe servem em cada hia; de azas, levão as canoas voando, & os que vão dentro, levão outras azas de liberdade, & poder para assolar tudo: as unhas de traças, & crueldades para roubar, & destruir naõ lhe faltão, antes lhes crecem cada dia mais, & assim naõ deixaõ cousa q não consumaõ; donde vindo sobre os Indios tantas pragas, nenhia chegou a esta; porque naõ ha igual à dos males que fazem criados, & filhos mal criados, & assim eu não me espanto das insolencias que se cometem, senão das que se naõ cometem, porque como diz o Philosopho, & Direito, *Contrariorum cadem est disciplina*: assim como a boa criação ajudada da graça divina, he causa de maravilhosos augmentos na virtude (…): assim a mà criação, & ensino he origem de todos os vicios, & maldades".

Frei Cristovão de Lisboa, "Sermão de N. Senhora da Apresentação", *in Santoral de Vários Sermoens de Sanctos. Composto por Fr. Christovão de Lisboa, Religioso da Ordem do Seraphico Padre S. Francisco da Província de Santo António dos Capuchos em Portugal. Lente de Theologia, Revedor, & Calificador do Santo Officio*. Offerecido a Manuel Severim de Faria, Chantre da Sancta Sé de Évora. Lisboa, por António Alvarez, 1638, pp. 11-22.

ARGUMENTOS EM FAVOR DA LIBERDADE DOS ÍNDIOS

PADRE ANTÓNIO VIEIRA

(N. 1608 – M. 1697) António Vieira conheceu muito cedo a realidade dos índios brasileiros, tendo partido para a Baía com apenas seis anos de idade. Foi enquanto estudante do Colégio da Companhia de Jesus que Vieira se formou teólogo, sacerdote, missionário e orador, abraçando o noviciado com quinze anos de idade. Além de Teologia, estudou Lógica, Metafísica, Matemática e Arte. Em 1635 ordenou-se sacerdote, começando imediatamente a pregar em diferentes aldeias baianas. Regressando a Portugal depois da Restauração, Vieira conquistou a confiança e a amizade de D. João IV que, por sua vez, o iniciou na carreira política. Foi conciliando a política com a fé cristã (na herança dos mais prestigiados teólogos e mestres escolásticos, como Santo Agostinho e São Tomás de Aquino) que despontou como orador excecional, para deleite da aristocracia lisboeta. Depois dos seus esforços diplomáticos, Vieira regressou ao Brasil em 1653 para se envolver na causa dos índios. Apesar de nessa altura os jesuítas controlarem já grande parte das regiões amazónicas, tiveram ainda de tentar persuadir alguns governadores a libertar os índios da escravidão dos colonos, dando-lhes em troca escravos negros vindos de África. Não tendo sido bem sucedidos nesta empresa, Vieira dirigiu cartas ao rei a expôr-lhe a situação. Em consequência, chegaram a S. Luís, em 1654, procuradores portugueses com uma provisão favorável à causa da libertação dos índios. Um ano depois, foi concedida a Vieira uma provisão favorável; porém viu boicotada a sua empresa quando uma revolta no Maranhão contra as missões dos jesuítas o obrigou a regressar a Portugal. Parcialmente ultrapassadas as suas acusações de heresia e judaísmo por parte da Inquisição, voltou ao Maranhão, onde começou a preparar a edição completa dos seus *Sermões,* que nunca chegou a ser concluída.

Obras principais: *Sermão da Quinta Dominga da Quaresma* (1653); *Sermão da Sexagésima* (1655); *Sermão de Santo António aos Peixes* (1654), em consequência da disputa supracitada com os colonos portugueses no Brasil; *Sermão do Bom Ladrão* (1655); *Esperanças de Portugal – V Império do mundo* (1559); *História do Futuro* (1664); *Clavis Profetarum* (1666).

188 Cadernos de Literatura de Viagens

"Pregado na Cidade de S. Luís do Maranhão, no ano de 1653.

....

Senhores meus, somos entrados à força do Evangelho na mais grave e mais útil matéria, que tem este Estado. Matéria em que vai ou a salvação da alma, ou o remédio da vida, vede se é grave e se é útil. É a mais grave, é a mais importante, é a mais intrincada; e sendo a mais útil, é a menos gostosa.

....

Vede o que dizem as palavras do [mesmo] texto [Isaías, no capítulo LVIII]: *Nonne hoc est magis jejunium, quod elegi? Dissolve colligationes impietatis et dimitte eos, qui confracti sunt, liberos*: «Sabeis, Cristãos, sabeis, nobreza e povo do Maranhão, qual é o jejum que quer Deus de vós esta Quaresma? Que solteis as ataduras da injustiça, e que deixeis ir livres os que tendes cativos e oprimidos». Estes são os pecados do Maranhão; estes são os que Deus me manda que vos anuncie: *Annuntia populo meo scelera eorum*. Cristãos, Deus me manda desenganar-vos, e eu vos desengano da parte de Deus. Todos estais em pecado mortal; todos viveis e morreis em estado de condenação, e todos vos ides direitos ao Inferno. Já lá estão muitos, e vós também estareis cedo com eles, se não mudardes de vida.

Pois valha-me Deus! Um povo inteiro em pecado?! Um povo inteiro ao Inferno?! – Quem se admira disto, não sabe que cousa são cativeiros injustos. Desceram os filhos de Israel ao Egipto, e depois da morte de José, cativou-os el-rei Faraó e servia-se deles como escravos. Quis Deus dar liberdade a este miserável povo, mandou lá Moisés, e não lhe deu mais escolta que uma vara. (...)

....

Sabeis porque não dais liberdade aos escravos mal havidos? – Porque não conheceis a Deus. Falta de fé é causa de tudo. Se vós tivéreis verdadeira fé, se vós crêreis verdadeiramente na imortalidade da alma, se vós crêreis que há Inferno para toda a eternidade, bem me ria eu que quisésseis ir lá pelo cativeiro de uma Tapuia. (...)

....

Todo o homem que deve serviço ou liberdade alheia, e podendo-a restituir, não restitui, é certo que se condena: todos, ou quase todos os homens do Maranhão devem serviços e liberdades alheias, e podendo restituir, não restituem; logo, todos ou quase todos se condenam. Dir-me-eis que ainda que isto fosse assim, que eles o não cuidavam, nem o sabiam; e que a sua boa fé os salvaria. Nego tal: sim, cuidavam, e sim, sabiam, como também vós o cuidais e o sabeis; e se o não cuidavam nem o sabiam, deveram cuidá-lo e sabê-lo. A uns condena-os a certeza, a outros a dúvida, e outros a ignorância. Aos que têm certeza, condena-os o não restituírem; aos que têm dúvida, condena-os o não examinarem; aos que têm ignorância, condena-os o não saberem, quando tinham a obrigação de o saber.

....

Meus irmãos, se há quem duvide disto, aí estão as leis, aí estão os letrados, perguntai-lho. Três religiões tendes neste Estado, onde há tantos sujeitos de tantas virtudes e tantas letras; perguntai, examinai, informai-vos. Mas não é necessário ir às religiões; ide à Turquia, ide ao Inferno, porque não pode haver turco tão turco na Turquia, nem demónio tão endemoninhado no Inferno, que diga que um homem livre pode ser cativo. Há algum de vós só com o lume natural, que o negue? Pois em que duvidais?

IV

(...) Este povo, esta república, este estado, não se pode sustentar sem índios. Quem nos há de ir buscar um pote de água ou um feixe de lenha? Quem nos há-de fazer duas covas de mandioca? Hão-de ir nossas mulheres? Hão-de ir nossos filhos? – Primeiramente não são estes os apertos em que vos hei-de pôr, como logo vereis; mas quando a necessidade e a consciência obrigam a tanto, digo que sim, e torno a dizer que sim: que vós, que vossas mulheres, que vossos filhos, e que todos nós nos sustentássemos dos nossos braços; porque melhor é sustentar do suor próprio, que do sangue alheio. Ah fazendas do Maranhão, que se esses mantos e essas capas se torceram, haviam de lançar sangue!

....

190 Cadernos de Literatura de Viagens

Direis que os vossos chamados escravos são os vossos pés de mãos; e também podereis dizer que os amais muito, porque os criastes como filhos e porque vos criam os vossos. Assim é: mas já Cristo respondeu a esta réplica: *Si oculus tuus scandalizat te, erue eum; et si manus, vel pes tuus scandalizat te, amputa illos.* Não quer dizer Cristo que arranquemos os olhos, nem que cortemos os pés e as mãos; mas quer dizer que se nos servir de escândalo aquilo que amarmos como os nossos olhos, e aquilo que havemos mister como os pés e as mãos, que o lancemos de nós, ainda que nos doa, como se o cortáramos. Quem há que não ame muito o seu braço e a sua mão? Mas se nela lhe saltarem herpes, permite que lha cortem, por conservar a vida. O mercador ou passageiro que vem da Índia ou do Japão, muito estima as drogas, que tanto lhe custaram lá; mas se a vida periga, vai tudo ao mar, para que ela se salve. O mesmo digo no caso: se para segurar a consciência e para salvar a alma, for necessário perder tudo e ficar como Job, perca-se tudo.

....

Todos os Índios deste estado, ou são os que vos servem como escravos, ou os que moram nas aldeias de El-Rei como livres, ou os que vivem no sertão em sua natural e ainda maior liberdade, os quais por esses rios se vão comprar ou resgatar (como dizem) dando o piedoso nome de resgate a uma venda tão forçada e violenta, que talvez se faz com a pistola nos peitos. Quanto àqueles que vos servem, todos nesta terra são herdados, havidos e possuídos de má-fé, segundo a qual não farão pouco (ainda que o farão facilmente) em vos perdoar todo serviço passado. Contudo, se depois de lhes ser manifesta esta condição de sua liberdade, por serem criados em vossa casa e com vossos filhos, ao menos os mais domésticos, espontânea e voluntariamente vos quiserem servir e ficar nela, ninguém, enquanto eles tiverem esta vontade, os poderá apartar de vosso serviço. E que se fará de alguns deles, que não quiserem continuar nesta sujeição? Estes serão obrigados a ir viver nas aldeias de El-Rei, onde também vos servirão na forma que logo veremos. Ao sertão se poderão fazer todos os anos entradas, em que verdadeiramente se resgatem os que estiverem (como se diz) em cordas, para ser comidos, e se lhes comutará esta crueldade em perpétuo cativeiro. Assim serão também cativos todos os que sem violência forem vendidos como escravos de seus inimigos, tomados em justa guerra; da qual serão juízes o Governador de todo o Estado, o Ouvidor geral, o Vigário do Maranhão ou Pará, e os Prelados das quatro religiões, Carmelitas, Franciscanos, Mercenários e da Companhia de Jesus. Todos os que deste juízo saírem qualificados por verdadeiramente cativos, se repartirão aos moradores pelo mesmo preço por que foram comprados. E os que não constar que a guerra, em que foram tomados, fora justa, que se fará deles? – Todos serão aldeados em novas povoações, ou divididos pelas aldeias que hoje há; donde, repartidos com os demais Índios delas pelos moradores, os servirão em seis meses do ano, alternadamente, de dois em dois, ficando os outros seis meses para tratarem de suas lavouras e famílias. De sorte que, desta forma, todos os Índios deste estado servirão aos Portugueses; ou como própria e inteiramente cativos, que são os de corda, os de guerra justa e os que livre e voluntariamente quiserem servir, como dissemos dos primeiros; ou como meios cativos, que são todos os das antigas e novas aldeias, que pelo bem e conservação do Estado me consta que, sendo livres, se sujeitarão a nos servir e ajudar a metade do tempo de sua vida.

Só resta saber qual será o preço destes que chamamos *meios cativos* ou *meios livres*, com que se lhes pagará o trabalho do seu serviço. É matéria de que se rirá qualquer nação do mundo, e só nesta terra se não admira. O dinheiro desta terra é pano de algodão, e o preço ordinário por que servem os Índios e servirão cada mês são duas varas deste pano, que valem dois tostões! De onde se segue que por menos de sete reis de cobre servirá um Índio cada dia! Cousa que é indigna de se dizer, e muito mais indigna de que, por não pagar tão leve preço, haja homens de entendimento e de cristandade que queiram condenar suas almas e ir ao Inferno."

Padre António Vieira, "Sermão da Primeira Dominga da Quaresma", *in Obras Escolhidas*, vol. XII, Lisboa, Sá da Costa, 1954, pp. 96-120.

REPENSAR OS MÉTODOS
DE CIVILIZAR OS INDIOS

JOSÉ BONIFACIO DE ANDRADA E SILVA

(N. 1763 – M. 1838) Estadista, naturalista e poeta brasileiro, foi uma das personalidades mais importantes da Independência. Estudou Direito, Matemática e Filosofia Natural em Portugal. Viajou mais de dez anos pela Europa, em uma expedição científica, para aperfeiçoar-se em Mineralogia, Filosofia e História Natural. Esteve na França durante o período da Revolução Francesa. Era membro da Academia Real e da Sociedade de História Natural. Em Portugal, lecionou na Universidade de Coimbra, exerceu várias atividades na área da mineralogia, foi diretor do Real Laboratório da Casa da Moeda de Lisboa. Participou na Guerra Peninsular, com o posto de comandante. Retorna ao Brasil em 1819. Foi conselheiro de D. João VI e apoiou a regência de D. Pedro I, organizando ações militares contra os focos de resistência à Independência. Nomeado Ministro do Reino, tornou-se opositor do Imperador, pelo que foi banido. Exilou-se na França, onde permaneceu durante seis anos. De volta ao Brasil, em 1829, reconcilia-se com D. Pedro, que, após a sua abdicação, nomeia-o tutor do príncipe regente. Em 1833 é destituído do cargo e abandona definitivamente a vida política. Defendeu a abolição da escravatura, a incorporação do índio na sociedade, a subdivisão de terras e a preservação das florestas.

Entre as suas obras destacam-se *Memória sobre a Pesca das Baleias e Extração de seu Azeite: com algumas reflexões a respeito das nossas pescarias* (s/d), a primeira memória apresentada à Academia, *Viagem Geognóstica aos Montes Eugâneos* (1794). Traduziu Virgílio e Píndaro e escreveu alguns poemas sob o pseudónimo árcade de Américo Elísio.

"Vou tratar do modo de cathequizar e aldear os Indios bravos do Brazil: materia esta de summa importancia, mas ao mesmo tempo de grandes dificuldades na sua execuçaõ. Nascem estas 1.º da natureza e estado em que se achaõ estes Indios: 2.º do modo com que os Portuguezes os temos tratado e continuamos a tratar ainda quando dezejamos domestica-los e faze-los felizes. (…)

Por cauza nossa recrescem iguaes dificuldades e vem a ser, os medos continuos e arraigados em q os tem posto os captiveiros antigos, o desprezo com q geralmente os tratamos, o roubo continuo das suas melhores terras, os serviços a que os sugeitamos, pagando-lhes pequenos ou nenhuns jornaes, alimentando-os mal, enganando-os nos contractos de compra e venda, que com elles fazemos, e tirando-os os annos e annos de suas famílias e roças para os serviços do Estado e dos particulares, e por fim enxertando-lhes todos os nossos vicios e molestias, sem lhes comunicarmos nossas virtudes e talentos.

Se quizermos pois vencer estas deficuldades devemos mudar absolutamente de maneiras e comportamento, conhecendo primeiro o q saõ e devem ser naturalmente os Indios bravos, para depois acharmos os meios de os converter no q nos cumpre que sejaõ.

....

Com effeito o homem no estado selvático, e môrmente o Indio bravo do Brazil, deve ser preguiçozo; por q tem poucos [sic] ou nenhumas necessidades; por q sendo vagabundo, na sua maõ está arranchar-se successivamente em terrenos abundantes de caça ou de pesca, ou ainda mesmo de fructos silvestres e espontaneos: por q vivendo todo o dia exposto ao tempo, naõ preciza de cazas e vestidos commodos, nem dos melindres do nosso luxo; por q finalmente naõ tem idêa de propriedade, nem dezejos de distincçoens e vaidades sociaes, que saõ as molas poderozas q põem em actividade ao homem civilizado. De mais huma razaõ sem exercicio, e pela maior parte já corrompida por costumes e uzos brutaes, alem de apathico, o devem tambem fazer estupido. Tudo o q naõ interessa immediatamente á sua conservaçaõ phisica e seus poucos prazeres grosseiros, escapa á sua attençaõ, ou lhe hé indiferente: falto de razaõ apurada, hé falto de precauçaõ: hé como o animal silvestre seu companheiro; tudo o q vê pode talvez atrahir-lhe a atençaõ; do que naõ vê nada lhe importa. (...)

....

Daqui porem naõ se deve concluir que seja impossível converter estes barbaros em homens civilizados: mudadas as circunstâncias, mudaõ-se os costumes. (...) Afacilidade de os domesticar era taõ conhecida pelos Missionários, que o P.ᵉ Nóbrega, segundo refere o

Vieira, dizia, por experiencia, q com muzica e harmonia de vozes se atrevia a trazer asi todos os Gentios da America. Os Jezuitas conhecerão q com prezentes, promessas e razoens claras e sãas, expendidas por homens praticos na sua lingua, podião fazer dos Indios barbaros o q delles quizessem. Com o Evangelho em huma maõ e com prezentes, paciencia e bom modo na outra tudo delles conseguiaõ. Com effeito ohomem primitivo nem hé bom nem hé máo naturalmente, hé hum mero *Automato*, cujas molas podem ser postas em acçaõ pelo exemplo, educaçaõ e benificios. (...)

Naõ obstante isto crê ainda hoje muita parte dos Portuguezes q o Indio só tem figura humana, sem ser capaz de perfectibilidade. Eu sei que hé dificil adquirir a sua confiança e amor, por q como já dice, elles nos odiaõ, nos temem, e podendo nos mataõ e devoraõ. E devemos desculpa-los; por q com o pretexto de os fazermos Christaõs lhes temos feito e fazemos muitas injustiças e crueldades. Faz horror reflectir na rapida despovoaçaõ destes miseráveis depois que chegamos ao Brazil (...). Calcula o Padre Viera, que em 30 annos pelas guerras, captiveiro e molestias, q lhes trouxemos, eraõ mortos mais de dois milhoens de Indios.

Desde D. Sebastiaõ conheceraõ os Reis de Portugal todas as injustiças e horrores, q com elles praticavaõ os Colonos do Brazil, matando-os, captivando-os e vendendo-os até para mercados Estrangeiros; e para favorecerem a liberdade e pôrem termo às injustiças commetidas legislaraõ em 1570, 587, 595, 1609, 611, 647, 655, 680, e finalmente em 1755. O Sʳ D. Pedro pela Ley 1680 cortou pela raiz os quatro cazos de q abuzavaõ os Colonos para continuar com a escravidaõ dos Indios, q ainda permittia a Ley de 1655: a saber, q poderiaõ ser escravos 1.º os tomados em justa guerra: 2.º quando impedissem a pregaçaõ Evangelica: 3.º quando prezos ácorda para serem comidos pelos seus contrários: 4.º quando em fim fossem tomados em guerra pelos outros Indios. Parecia que pela Ley do Sʳ D. Pedro 2.º ficava esta pobre gente para sempre izenta de ser escrava; mas naõ succedeo assim por q nestes ultimos tempos em hum seculo taõ alumiado com o nosso, na Corte do Brazil foraõ os Botecudos e Puris do Norte e os Bugres de Guarapuava convertidos outra vez de prizioneiros de guerra em mizeraveis escravos.

O Sr D. José na sua Ley de 7 de Junho do já citado anno de 1755 conheceo que os Indios do Pará e Maranhaõ desde o descobrimento até entaõ naõ se tinhaõ multiplicado e civilizado, antes pelo contrario tendo descido muitos milhoens delles, se foraõ sempre extinguindo, eos poucos q restavaõ viviaõ em grandissima mizeria, servindo só de afugentar os outros; nascendo daqui o atraso da aggricultura, e afalta de braços uteis naquelas Provincias. Desejando elle melhorar a sua sorte fes publicar o famozo Directorio com benignas e paternaes intençoens, porem sem advertir q o Sr D. Joaõ 4.º já na Ley de 10 de 9br^o de 1647 confessa, q os Indios, q se devaõ por administraçaõ no Pará e Maranhaõ em breve morriaõ de fome e de trabalho, ou fugiaõ para o mato; e por isso abolira elle essas administraçoens, concedendo-lhes liberdade plena de trabalhar com quem bem quizessem e lhes pagasse. Com a administraçaõ porem dos novos Directores, ainda quando o Directorio fosse bem executado, nunca os Indios poderiaõ sahir de sua perpetua monoridade, obediencia Fradesca, ignorancia e vileza. Onde estaõ as Escolas que ordenou em cada Povoaçaõ? Quaes tem sido os fructos colhidos de taõ pias, porem mal pensadas e peior executadas providencias? Ou nenhuns ou de bem pouca monta.

Segundo nossas Leis os Indios deviaõ gozar dos privilegios da raça Europea; mas este beneficio tem sido ilusorio, por que a pobreza em q se achaõ, a ignorancia por falta de educaçaõ e estimulos, e as vexaçoens continuas dos brancos os tornaõ taõ abjectos e desprezíveis como os negros. (...)

....

Os meios porem de q se deve lançar logo maõ para a prompta e successiva civilizaçaõ dos Indios, e q a experiencia e a razaõ me tem ensinado, eu os vou propor aos Reprezentantes da Naçaõ e são os seguintes =

1.º *Justiça* naõ esbulhando mais os Indios, pela força das terras q ainda lhes restaõ, e de q saõ legitimos Senhores, pois Deos lhas deo; mas antes comprando-lhas como praticaraõ, e ainda praticaõ os Estados Unidos da America.

2.º *Brandura, constancia e sofrimento da nossa parte*, q nos cumpre como a uzurpadores e Christaõs. Imitemos o Missionario *Aspilcueta*, q hia buscar os Indios desta Provincia aos matos, espe-

Textos de religiosos e de outras personalidades

rava-os quando vinhaõ da caça para lhes dar as boas vindas, repre-zentava-lhes todos os encommodos, q sofria por elles; e quando os via descançados e attentos começava a pregar-lhes entaõ nossa Santa Fé, imitando as maneiras e tregeitos de seus *País* ou Feiticeiros.

3.º *Abrir Commercio com os barbaros*, ainda que seja com per-da da nossa parte, recebendo em troca os generos de seus matos epequena industria, e levando-lhes canquilharia de ferro e lataõ (…).

4.º *Procurar com dadivas e admoestaçoens* fazer pazes com os Indios inimigos, debaixo das condiçoens seguintes, quaes as q o Governador Mem de Sá estabeleceo em 1558: 1.º q naõ comaõ carne humana, nem mutilem os inimigos mortos: 2.º q naõ façaõ guerra aos outros Indios sem consentimento do Governo Portuguez: 3.º q se estabeleça hum Commercio reciproco entre elles e nós, para q come-cem tambem a conhecer o *meu* e o *teu*, abrogando-se o uzo indestincto dos bens e productos de sua pequena industria.

5.º *Favorecer por todos os meios possíveis* os matrimónios entre os Indios, e brancos e mulatos, q entaõ se deveraõ estabelecer nas Aldeas (…).

....

7.º Criar para a cathequizaçaõ dos Indios hum Colegio de Missionarios, cuja organizaçaõ religiosa seja pouca mais ou menos como a dos Padres da Congregaçaõ de S. Fellipe Neri, os quaes, alem da probidade e zelo pelo Christianismo, devem instruir-se pelo menos na língua geral ou *Guarani* e se possível for tambem nas particulares das raças numerozas, e nos uzos e costumes dos mesmos Indios bravos, pois foi ignorancia crassa, para naõ dizer brutalidade, querer domesticar e civilizar Indios á força d'armas, e com soldados e Officiaes pela maior parte sem juizo, prudencia e moralidade.

....

15.º Na aldeaçaõ dos Indios naõ forçaraõ os Missionarios a q os velhos e adultos deixem logo os seus erros e máos costumes; por que hé trabalho baldado querer de repente mudar abuzos inveterados de homens velhos e ignorantes ou obriga-los a trabalhos seguidos e penozos; por isso se esmeraraõ principalmente em ganhar a mocida-de com bom modo e tratamento, instruindo-a na moral de Jezus Christo, na lingua Portugueza, em ler escrever e contar, vestindo-os e sustentando-os, quando seus Pais forem negligentes ou mesquinhos. Quanto aos adultos porem, antes dos dogmas e misterios da religiaõ convirá, que primeiro se lhes ensinem com a maior clareza possível os primeiros principios da moral Christaã: v. g. o amor do proximo, a compaixaõ pelos males alheios, e a caridade e beneficencia reciproca; que se lhes expliquem bem as vantagens q vaõ tirar do seu novo modo de vida, e o interesse e amizade que tem para com elles o Governo Portuguez: partindo-se do principio incontestavel, q se deve permitir o q se naõ pode evitar. (...)

....

19.º Procuraraõ os Missionarios substituir aos seus folguedos e *vinhos* funcçoens aparatozas de Igreja, com muzicas de boas vozes e jogos *gymnasticos*, em q principalmente os rapazes ou cathecumenos se entretenhaõ e criem emulaçaõ. Por este meio tambem se consiguirá, q os Pais folguem de ver seus filhos adiantados e premiados por suas bôas acçoens e comportamento; e com estas funcçoens e jogos se devirtiraõ e instruiraõ ao mesmo tempo, sem constrangimento da nossa parte.

20.º Nas grandes Aldeas centraes, alem do ensino de ler escrever e contar e cathecismo, se levantaraõ escolas praticas de artes e Officios, em q hiraõ aprender os Indios dali e das outras Aldeas pequenas, e até os brancos e mestiços das Povoaçoens vezinhas, que depois seraõ destribuidos pelos lugares em q houver falta de Officiaes, concedendo-lhes a izençaõ de servir na Tropa paga.

....

23.º Os Missionarios veleraõ em q se naõ introduza o uso da cachaça nas novas Aldeas, prohibindo Tabernas, e devendo elles sómente destribuir agoa ardente, quando preciso for, ao emfermos ou aos q se empregaõ em trabalhos duros e penozos. (...)

24.º Como os Indios pela sua natural indolencia e inconstancia naõ saõ muito proprios para os trabalhos aturados da Aggricultura, haverá para com elles nesta parte alguma paciencia e contemplaçaõ (...).

....

Textos de religiosos e de outras personalidades

33.º Alem destes meios procurará por todos os outros possiveis excitar-lhes dezejos fortes de novos gozos e commodidades da vida social, tratando por esta razaõ com mais consideraçaõ e respeito aquelles Indios, q procurarem vestir-se melhor, e ter suas cazas mais commodas e asseadas; e d'entre estes se escolheraõ os Maioraes e Camaristas da Aldea. Aos q forem desleixados e mal asseados o Parocho com o Maiorial da Aldea castigará policialmente, ou lhes imporá certa coima pecuniária, q entrará para a Caixa pia de economia da Aldea.

....

37.º Será util para promôver as compras e vendas entre os Indios e os brancos, q haja nas Aldeas dias certos e determinados de mercados ou feiras, as quaes seraõ vigiadas pelo Maioral e Parocho para se evitar, q os Indios ainda buçaes naõ sejaõ enganados pelos brancos nas suas compras e vendas. Naõ convem outro sim q nas Aldeas novas haja communicaçoens deregradas entre a nossa gente e os Indios, donde nascem mil abuzos e immoralidades. Se os nossos apezar da policia enganarem aos Indios, e lhes prejudicarem com lezaõ enorme, o Parocho e Maioral, depois de tomarem conhecimento summario e verbal do cazo, suspenderaõ semelhantes contractos e daraõ parte ás Justiças das terras d'onde forem os enganadores para q pelos meios legaes procedaõ no q for de Justiça.

....

43.º Debalde se mandará executar estas e outras disposiçoens se naõ houver hum Corpo ou Tribunal superior, q vigie sobre a administraçaõ assim Eccleziastica, como Civil de todas as Aldeas de cada Provincia: por tanto em cada huma dellas, em q houver Indios bravos q cathequizar e civilizar, haverá hum Tribunal conservador dos Indios composto do Prezidente do Governo Provincial, do Bispo, do Magistrado Civil de maior alçada da Capital, de hum Secretario, e dos Officiaes papelistas necessarios que seraõ pagos pela Caixa geral do producto das vendas das terras vagas, e de outros reditos extraordinarios q nella deverem entrar.

44.º Este Tribunal terá a seu cargo: 1.º receber as contas e participaçoens do estado de cada huma das Aldeas, q seraõ remettidas e assignadas pelo Parocho e Maioral da Aldea com as listas nominaes de q falla o § 42 (...): 4.º protegerá os Indios contra as vexaçoens das Justiças Territoriaes e Capitaens móres: 5.º dará todas as providencias necessarias e novas q requerer o augmento da civilizaçaõ dos mesmos Indios: 6.º procurará com o andar do tempo e nas Aldeas já civilizadas introduzir brancos e mulatos morigerados para misturar as raças, ligar os interesses recíprocos dos Indios com a nossa gente, e fazer delles todos hum só Corpo da Naçaõ, mais forte, instruída e impreendedora (...): 7.º para q os Indios bravos q se vem aldear por qualquer motivo insignificante ou caprixo naõ abalem outra vez para o mato, e achem nelle esconderijos, procurará por todos os meios possíveis q este Plano de civilizaçaõ seja geral e simultaneo por toda a Provincia quando menos, ordenando entradas continuas de bandeiras, q explorem os matos e campos, pacifiquem as Naçoens nossas inimigas, e continuamente tragaõ Indios bravos para as novas Povoaçoens: 8.º para extirpar a apathia habitual dos Indios e influir-lhes novos brios, mandará formar Companhias civicas com fardamento accomodado ao clima e costumes dos mesmos Indios, q nos dias santos façaõ os seus exercicios no pateo da Aldea e se vaõ assim acostumando á subordinaçaõ militar, e sirvaõ para a policia das mesmas Aldeas e Descrictos: 9.º cuidará quanto antes, q os rapazes Indios, q tiverem mostrado mais talentos e instrucçaõ nas escolas menores das Aldeas, venhaõ frequentar as Aulas de Latim e outras do Gymnasio de Sciencias uteis, q deve haver em cada Capital das Provincias, os quaes seraõ sustentados como Pensionarios do Estado: 10.º dos q tiverem feito mais progressos nas Aulas, e tiverem mostrado melhor comportamento escolherá os Maioraes e Chefes Militares naõ só para as Aldeas dos Indios, mas também com o andar do tempo para as Povoaçoens Portuguezes [sic]; tendo-se muito em vista favorecer em iguaes circumstancias os de origem Indiana, para se acabarem de huma vez preocupaçoens anti-socias e injustas (...).

Tenho apontado todos os meios q me parecem mais convenientes e adaptados para a civilizaçaõ e prosperidade futura dos mizeraveis Indios, para q tanto devemos concorrer, até por utilidade nossa, como Cididãos, e como Christãos.

Permita o Céo q estes meus toscos e rapidos apontamentos possaõ ser aproveitados, corrigidos e emendados pela Sabedoria do Soberano Congresso Nacional, como ardentemente dezejo.

São Paulo 30 de Outubro de 1821.

José Bonifácio de Andrada e S.ª"

José Bonifácio de Andrada e Silva, *Apontamentos para a Civilização dos Índios Bárbaros do Reino do Brasil*, Lisboa, Agência-Geral do Ultramar, 1963.

O ÍNDIO EXIBIDO EM ROUEN
COMO OBJECTO DE CURIOSIDADE

FERDINAND DENIS

(N. 1798 – M. 1890) Ferdinand Denis foi um importante escritor francês, historiador e viajante. Começou a interessar-se pela cultura brasileira quando, em 1816, viajou pela América do Sul, tornando-se no primeiro estudioso a explorar as referências e tendências da literatura autóctone do Brasil e a apresentar as produções literárias brasileiras como uma literatura autónoma em relação às portuguesas. É desta sua perspectiva que resulta o famoso *Résumé de la Litterature Portugaise suivi du Résumé de L'Histoire de La Literature Bresilienne.* Trabalhando como bibliotecário, Denis teve acesso a diversas obras antigas, de entre elas um texto anónimo datado de 1551 sobre uma festa régia organizada em Rouen, na Normandia, na qual estiveram presentes, como uma das atrações principais, cinquenta índios Tupinambás que recriaram determinados aspetos da sua vida quotidiana. O estudo desta obra deu origem a *Une fête brésilienne celebré à Rouen en 1550 suivie d'un fragment du XVI éme siècle roulant sur la Theologie des anciens peuples du Brésil et des poesies en langue Iupique de Christovam Valente* (1851), uma transcrição anotada da descrição referente às encenações dos índios.

De entre as suas obras destacam-se *Le Bresil (L'Univers Pittoresque)* (1821); *Le Brésil, ou Histoire, Mœurs, Usages et Coutumes des Habitans de ce Royaume* (1822); *Scénes de la Nature sur les Tropiques, et de leur Influence sur la Poesie, Suives de Camoëns et José Índio* (1824); *Le Portugal (L'Univers Pittoresque)* (1846).

"Un demi-siècle s'étoit à peine écoulé depuis la découverte du Brésil, et près de cinquante Indiens appartenant à la race des Tupinambas venoient simuler leurs combats sur les bords de la Seine, devant Catherine de Médicis, et mêler à ces jeux guerriers leurs danses solennelles, telles qu'elles avoient lieu dans les belles campagnes arrosées par le Capibarribe et le Paraguassú. Certes, ce fait qui a échappé jusqu'à présent à tous les historiens n'a rien en réalité qui doive surprendre si l'on veut se rappeler un moment combien étoient actives les relations de Rouen, de Dieppe et de Honfleur avec l'Amérique méridionale ; mais ce qu'il y a d'étrange, c'est que les détails les plus sommaires de cette fête, les renseignemens même les moins circonstanciés sur les personnages qui y prirent part, aient été complétement ignorés des bibliophiles américains, tandis qu'une relation de la fête imprimée par ordre de l'échevinage d'une grande ville, donnoit à cette description un caractère d'authenticité qui la transformoit pour ainsi dire en pièce officielle, et que plus tard le *Cérémonial de France* reproduisoit des récits analogues où figuroient souvent des Indiens. Ceci prouve une fois de plus l'intérêt singulier qui s'attache maintenant à certains opuscules jadis parfaitement dédaignés ; *la deduction de la sumptueuse entrée*, imprimée à Rouen en 1551, précède de seize ans environ la fondation de la capitale du Brésil, et c'est sans contredit le premier monument iconographique que la presse du XVIe siècle nous ait fourni sur ce beau pays.

Et cependant que d'esprits curieux, que d'hommes éminens même s'occupoient du Brésil à cette époque, en France, en Portugal et jusque dans les villes reculées de l'Allemagne! Que d'écrits intéressans où l'on prévit, dès l'origine, les splendeurs de ce vaste empire ; que de traités oubliés maintenant, dans lesquels des esprits patiens déposoient d'immenses recherches sur des peuples éteints, sur de langues que l'on parle à peine actuellement, sur des cosmogonies dédaignées, et qui néanmoins se rattachent à l'un des pays les plus florissans de l'Amérique du Sud. (…)

....

Disons-le donc, ces guerriers indomptables qui se mêlèrent si complaisamment aux matelots de Rouen pour divertir *leurs parfaicts alliés*, comme dit Lery, ces hommes extraordinaires qui n'hésitoient pas à franchir l'Océan, obéissant naïvement à une pure fantaisie, ces *sauvaiges* voisins de *la brute*, comme les qualifioient les plus éclairés, étoient certes plus avancés dans l'échelle sociale que ne le supposoient ceux qui les accueilloient si dédaigneusement, et qui en faisoient leur jouet ; ils avoient une langue harmonieuse, une cosmogonie bien plus compliquée qu'on ne le croit généralement, un esprit singulièrement prompt surtout à saisir les différences tranchées que les vices de notre civilisation établissoient entre eux et nous. Montaigne se méprit peut – être à son tour, en adoptant une opinion diamétralement opposée à celle de son siècle. Il savoit que si ces tribus ne formoient pas de villes considérables et n'édifioient pas des cités, elles pouvoient mettre sur pied des armées de quinze et vingt mille combattans ; il vit dédain raisonné de nos mœurs où il n'y avoit qu'enfance de l'état social, et il précéda Rousseau dans son étrange apologie de la vie sauvage. N'oublions pas toutefois que dans cette circonstance, il eut la gloire de restituer à l'esprit humain son impérissable dignité.

L'auteur des *Essais*, personne ne l'ignore, est le premier qui nous ait conservé le refrain d'une chanson sauvage, et ce fragment plein de grâce naïve lui a inspiré quelques réflexions sur le génie primitif, sur la poésie indépendante des règles, que depuis ont citées nos meilleurs écrivains. Ce chant venoit de Ganabara, ou de la *France antarctique*, comme on disoit encore parmi nous au XVIe siècle, et il avoit été transmis à l'illustre philosophe par un compagnon de Villegaignon qui avoit résidé durant dix ou douze ans au milieu des tribus indiennes. Ce fut de cet homme simple, auquel il avoit été donne de vivre si longtemps *«en une contrée de pays très--plaisante et bien tempérée»* dont les Français avoient rêvé un moment la possession, au milieu des guerres civiles, que Montaigne recueillit tant de notions exactes, tant d'observations précieuses sur les mœurs des Tupinambas. Grâce à cet esprit sagace qui analysoit aussi rapidement les faits inattendus, les renseignemens nouveaux, que les lois fondamentales des sociétés antiques, on eut pour la première fois alors une idée de la vie que menoient les sauvages du Brésil en leurs grandes forêts. Ainsi que cela devoit être, Montaigne, nous le répétons, s'éprit peut-être un peu soudainement du génie de ces peuples; en présence de nos misères il oublia trop leurs coutumes, il cita leurs paroles fières, mais il parla à peine de leurs effroyables sacrifices, et après s'être enthousiasmé pour leur esprit d'indépendance, il finit par les citer comme offrant le modèle d'une société sage, parce que leur vie étoit simple. «Tout cela ne va trop mal, s'écrie-t-il en concluant, mais quoy, ils ne portent point de haut-de--chausses.»

Ces préliminaires acceptés, afin que l'on puisse mieux comprendre le programme du XVIe siècle, nous passons à la partie importante de notre tâche, et nous dennons le texte du récit, sans rien retrancher à sa naïveté. Nous avons voulu même scrupuleusement respecter l'orthographe, comme on est parvenu à reproduire la vieille gravure dans toute sa vérité, grâce au soin minutieux qui le dispute à une main habile qu'on ne rencontre que chez M. Lemercier. – «Le long de la dicte chaussée qui s'estend depuis le devant de la porte des dites emmurées, jusques au bort de la riuière de Seyne, sied vne place ou prarye non édiffiée de deux cens pas de long et de trente cinq de large, la quelle est pour la plus grande partie naturellement plantée et vmbragée, par ordre, d'une saussaye de moyenne fustaye et d'abondant fut le vuyde artificiellement remply, de plusieurs autres arbres et arbriseaux comme genestz, geneure, buys et leurs semblables entreplantez de taillis espes. Le tronc de arbres estoit peint et garny en la cyme de branches et floquartz de buys et fresne, rapportant assez près du naturel aux fueilles des arbres du Bresil. Autres arbres fruictiers estoient parmy eulx chargez de fruictz de diverses couleurs et especes imitans le naturel. A chacun bout de la place, à l'enuiron d'une quadrature estoient basties loges ou maisons de troncs d'arbres tous entiers, sans doller ni preparer d'art de charpenterie, icelles loges ou maisons couuertes de roseaux, et fueillarts, fortifiés à l'entour de pal en lieu de rampart, ou boulleuerd en la forme et manière des mortuables et habitations des Brisilians. Parmi les branches des arbres volletoient et gazoulloient à leur mode grand nombre de perroquetz, esteliers, et moysons de plaisantes et diverses couleurs. – Amont les arbres grympoient plusieurs guenonnez, marmotes, sagouyns, que les navires des bourgeois de Rouen avoient nagueres apportez de la terre du Bresil. Le long de la place se demenoient ca et la, jusques au nombre de trois centz hommes tous nuds, hallez et herissonnez , Sans aucunement couurir la partie que nature commande, ils estoient faconnez et equipez en la mode des sauvages de l'Amerique dont saporte le boys de Bresil, du nombre desquelz il y en avoit bien cinquante naturelz sauuages freschement apportez du pays, ayans oultre les autres scimulez, pour decorer leur face, les ioues, lèvres et aureilles percées et entrelardeez de pierres longuettes, de l'estendue d'un doigt, pollies et arrondies, de couleur d'esmail blanc et verd emeraude : Le surplus de la compagnie, ayant frequente le pays, parloit autant bien le langage et exprimoit si nayfuement les gestes et façons de faire de sauuages, comme s'ilz fussent natifz du mesmes pays. Les vns s'esbatoient à

Textos de religiosos e de outras personalidades 207

tirer de l'arc aux oyseaulx, si directement éjaculantz leur traict fait de cannes, jong ou roseaux, qu'en l'art sagiptaire ils surpassoient, Merionez, le Grec, et Pandarus, le Troyen. Les autres couroient après les guenones, viste comme les Troglodytes après la sauvagine; Aucuns se balançoient dans leurs lictz subtilement tressez de fil de coton attachez chacun bout à l'estoc de quelque arbre, ou bien se reposoient à l'umbrage de quelque buysson tappys, Les autres coupoient du boys qui, par quelques uns d'entre eulx, estoit porté à un fort construit pour l'effect sur la riuière: ainsy que les mariniers de ces pays ont accoustumé faire quand ils traictent avec les Brisilians: lequel bois iceulx sauuaiges troquoient et permutoient aux mariniers dessusditz, en haches, serpes et coings de fer, selon leur vsage et leur maniere de faire. La troque et commerce ainsi faite, Le boys étoit batellé par gondolles et esquiffes, en un grand navire à deux Hunes ou gabyes radiant sur ses ancres: laquelle estoit bravement enfunaillée et close sur son belle de paviers aux armaries de France, entremeslées de croix blanches, et pontée davant arrière: l'artillerie rangée par les lumières et sabortz tant en proue qu'en poupe et le long des escottartz... les bannières et estendardz de soye tant hault que bas estoient semées d'ancres et de croissanz argentez, vndoyantz plaisamment en l'air. Les matelotz estoient vestus de sautembarques et bragues de satin, my-partis de blanc et noir, autres de blanc et verd qui montoient de grande agillité le long des haultbancz et de l'autre funaille. Et sur ces entrefaites, voicy venir une trope de sauuaiges qui se nommoient à leur langue Tabagerres, selon leurs partialitez, lesquels estants accroupis sur leurs tallons et rengez à l'environ de leur Roy, autrement nommé par iceulx, Morbicha. Avec grande attention et silence ouyrent les remontrances et l'harangue d'iceluy Morbicha, par vn agitement de bras et geste passionné, en langaige bresilian. Et ce fait, sans réplique, de prompte obeissance vindrent violentement assaillir une autre troupe de sauuaiges qui s'appeloient, en leur langue, Toupinabaulx, Et ainsi joinctz ensemble se combatirent de telle fureur et puissance, à traict d'arc, à coups de masses et d'autres batons de guerre, desquels ils ont accoutumé user, que finablement les Toupinambaulx desconfirent et mirent en routte, les Tabagerres; et non contens de ce, tous d'une volte coururent mettre le feu et bruller à vifve flamme le mortuabe et forteresse des Tabagerres, leurs aduersaires, et de faict, ladicte seyomachie fut exécutée si près de la

208 Cadernos de Literatura de Viagens

vérité, tant à raison des sauuages naturelz qui estoient meslés parmy eux, comme pour les mariniers qui par plusieurs voyages avoient traffiqué et par longtemps domestiquement reside avec les sauuages, qu'elle sembloit estre veritable, et non simulée, pour la probation, de laquelle chose, plusieurs personnes de ce royaulme de France, en nombre suffisant, ayans frequenté longuement le pays du Bresil et Cannyballes, attestèrent de bonne foy l'effect de la figure precedente estre le certain simulachre de la verité.»"

Ferdinand Denis, *Une Fête Brésilienne Célébrée a Rouen en 1550*, Paris, J. Techener Libraire, 1850, pp. 4-16.

d) Controvérsias

RAZÃO DAS APOLOGIAS DE BERNARDO DE VARGAS MACHUCA

A ocupação espanhola das terras americanas nunca foi pacífica. Para além dos confrontos com os nativos, os conquistadores tiveram de enfrentar o descontentamento de alguns religiosos, como Bartolomé de Las Casas que dirigiu severas críticas à forma como os colonizadores conduziam as guerras de conquista no Novo Mundo, acusando-os do desaparecimento de milhares de índios.

Tais acusações, enumeradas na sua *Brevíssima Relacíon de la Destruicíon de las Índias*, suscitaram reacções apaixonadas da parte daqueles que defendiam a colonização ou nela participavam. Bernardo de Vargas Machuca é um dos que se propõe mostrar a visão da conquista realizada por quem viveu nos inóspitos territórios do Novo Mundo e lutou contra alguns dos grupos indígenas mais belicosos, defendendo o trabalho desenvolvido pelos colonizadores na América.

Em seu livro, *Apologias y Discursos de las Conquistas Occidentales**, Bernardo de Vargas Machuca colige uma série de documentos emitidos por personalidades e representantes do Governo do Novo Mundo, que enaltecem os seus feitos e a sua pessoa, aplaudindo a sua iniciativa de defender a causa dos conquistadores. No entanto, os documentos mais relevantes dessa série são as doze objecções levantadas pelo doutor Sepúlveda contra os argumentos apresentados por Las Casas – para recriminar e condenar as práticas dos soldados e conquistadores na América –; as seis apologias, escritas por seu próprio punho, em favor da conquista, e uma outra em controvérsia ao tratado de Las Casas.

Dado que o texto da controvérsia entre Sepúlveda e Las Casas é muito extenso, limitamo-nos a reproduzir aqui os enunciados das objecções de Sepúlveda, bastante esclarecedores do seu pensamento e que a leitura da obra completará por si.

210 Cadernos de Literatura de Viagens

Pela mesma razão fazemos um breve resumo das apologias de Vargas Machuca em resposta a Las Casas.

Controvérsia entre Las Casas e Sepúlveda

JUAN GINÉS DE SEPÚLVEDA

(N. 1489 – M. 1573) Influente e controverso humanista espanhol, historiador, filósofo e eclesiástico. Estudou Humanidades, Artes, Teologia e Filosofia. Em 1534, foi nomeado capelão e cronista do Imperador Carlos I. O interesse de Sepúlveda por Aristóteles foi determinante para a formação de seu pensamento humanista e para as consequentes polémicas que envolveram as diversas questões concernentes à evangelização e conquistas espanholas da América. Influenciado pela *Política* de Aristóteles (cuja obra traduziria, mais tarde, para o Latim), Sepúlveda defendia na *De Justis Belli Causis Apud Indios* a legitimidade das conquistas. Esta obra foi rebatida por vários estudiosos, entre eles Las Casas, com quem se envolveu numa acesa polémica durante a realização da Junta de Valladolid, em 1550. Nas *Treinta Proposiciones Muy Jurídicas,* Las Casas ataca as ideias heterodoxas de Sepúlveda, conseguindo, mais tarde, o veto de publicação da obra. Sepúlveda deixou várias obras dedicadas à Filosofia, Teologia, Direito e História, destacando-se *De rebus gestis Caroli Quinti* (1556), que retrata a vida do Imperador Carlos V, *Democrates, Secundus Sive de Justis Belli Causis* (1550 ?), onde expõe as suas opiniões sobre o direito dos índios e *Antapologia* (1532), uma obra fortemente contestatária das ideias reformistas de Erasmo.

Las Casas defendia abertamente uma colonização pacífica das terras americanas por meio do trabalho de lavradores e missionários, tendo passado largos anos a denunciar publicamente as injustiças do sistema colonial espanhol.

As suas ideias pacifistas encontraram a oposição de diversos teólogos, como Frei Francisco de Vitória ou Juan Ginés de Sepúlveda, com quem teve vários debates, entre 1550 e 1551, em Valladolid, sobre a legitimidade da conquista espanhola, cuja essência aqui reproduzimos.

"LA CONTROVERSIA QUE TUVIERON EL AÑO DE 1552 EL OBISPO DE CHIAPAS Y EL DOCTOR SEPULVEDA, EN QUE EL OBISPO REPROBO EL DERECHO DE LAS CONQUISTAS OCCIDENTALES Y EL DOCTOR LO DEFENDIÓ CON ELEGANCIA.

Controvérsias   211

El doctor Sepúlveda después de visto el sumario que el dicho muy reverendo padre nuestro fray Domingo de Soto hizo por comisión, como dicho es, de la Congregación, coligió dél doce objeciones, a las cuales reponde y cada una de ellas son las siguientes.

PRÓLOGO DEL DOCTOR SEPÚLVEDA A LOS SEÑORES DE LA CONGREGACIÓN

Ilustrísimos y muy Magníficos señores, pues que vuestras señorías y mercedes como jueces han oído al señor Obispo de Chiapas cinco o seis días mientras leía el libro en que muchos años se ha ocupado y colegido todas las razones inventadas por sí y por otros para probar que la conquista de Indias es injusta, sojuzgando primero los bárbaros y después predicándoles el Evangelio, que es la forma que nuestros Reyes y nación conformándose con la Bulla y concepción (sic) del Papa Alejandro Sexto, han tenido hasta ahora razones, y yo ansí lo suplico que a mí, que defiendo el indulto y autoridad de la Sede Apostólica y la justicia y honra de nuestros Reyes y nación, me oigan un rato con atentos ánimos mientras respondo breve y llanamente a sus objeciones y argucias.

....

PRIMERA OBJECIÓN

Dice primeramente que muchas otras naciones fuera de la tierra de promisión eran idólatras, las cuales non fueron destruidas del pueblo de Israel, luego las de la tierra de promisión no fueron destruidas por idolatría y por consiguiente no es justa causa de guerra.

E ésto respondo que por la misma razón se induciría que saltear por los caminos no es crimen digno de muerte porque a muchos salteadores no se ha dad tal pena.

....

CUARTA OBJECIÓN

A lo que dice que nunca los santos incitaron a los Reyes cristianos que hiciesen guerra a los gentiles por quitarles la idolatría, y que no se lee que San Silvestre exhortase a Constantino que hiciese guerra a los paganos, por tal causa respondo que tampoco dije yo

212 Cadernos de Literatura de Viagens

que San Silvestre exhortase a Constantino a hacer guerra a los gentiles sino que quitase la idolatría por ley con pena de muerte y perdición de bienes a quien más la usase (...).

....

OBJECIÓN NONA

A lo que la guerra antes es impedimento para la conversión de los indios que no ayuda, porque por el daño que reciben tomando odio contra los cristianos, y allende de eso las costumbres y vida de los soldados es tal que sus maldades bastan para tener por buena la religión que ellos siguen, digo que también el frenético toma odio al médico que le cura y el muchacho mal criado al maestro que lo castiga, mas no por eso deja de ser provechoso lo uno y lo otro (...).

OBJECIÓN DÉCIMA

A lo que dice que los infieles no pueden ser forzados juntamente a que oigan la predicación, es doctrina nueva y falsa y contra todos los otros que en lo demás tienen su opinión, porque el Papa tiene poder y aún mandamiento de predicar el Evangelio por sí y por otros en todo el mundo, y esto no se puede hacer si los predicadores no son oídos, luego tiene poder de forzar a que los oigan por comisión de Cristo (...).

UNDÉCIMA OBJECIÓN

A lo que dice que por librar de muerte a los inocentes que sacrificaban era justa la guerra, pero no se debe hacer porque de los males se ha de escoger el menor, y que son mayores los males que se siguen de esta guerra que las muertes de los inocentes, muy mal hace su señoría la cuenta porque en la Nueva España, a dicho de todos los que de ella vienen y han tenido cuidado de saber esto, se sacrificaban cada año más de veinte mil personas, el cual número multiplicado por treinta años que ha que se ganó y se quitó este sacrificio serían ya seiscientos mil (...).

....

DUODÉCIMA OBJECIÓN

A lo que lo dice que la intención de Alejandro Papa en su Bulla fue que primero les predicasen el Evangelio a aquellos bárbaros y después de hechos cristianos fuesen sujetos a los Reyes de Castilla, no cuanto al dominio de las cosas particulares ni para hacerlos esclavos ni quitarles sus señoríos sino solamente cuanto a la suprema jurisdicción con algún razonable tributo para la protección de la fe y enseñanza de buenas costumbres y buena gobernación, y que ansí lo declaró otra Bulla de Paulo Tercio, digo que la intención del Papa Alejandro, como se ve claramente por la Bulla, fue que los bárbaros se sujetasen primero a los Reyes de Castilla y después se les predicase el Evangelio, porque ansí se hizo desde el principio por instrucción de los Reyes Católicos que se conformaron con la intención del Papa (...)."

....

Juan Ginés de Sepúlveda, *Apologías y Discursos de las Conquistas Occidentales*, Junta de Castilla y León, 1993, pp.45-56.

214 Cadernos de Literatura de Viagens

Controvérsia entre Las Casas e Vargas Machuca

BERNARDO DE VARGAS MACHUCA

(N. 1555 – M. 1622) Militar espanhol, nascido na vila castelhana de Simancas. Em 1578 faz a primeira viagem para a América, onde residiu mais de metade da sua vida. Durante a sua permanência no território assumiu vários cargos, organizando expedições de exploração em busca do El Dorado e campanhas de combate às tribos indígenas que dificultavam o avanço da conquista e ocupação das terras americanas. Durante alguns anos foi encomendero no Novo Reino de Granada. Em 1608 foi-lhe atribuído o cargo de Governador da ilha Margarita. Regressou à Espanha em 1616, onde veio a falecer, mais especificamente, em Madrid, no ano de em 1622.

É autor das *Apologias y Discursos de las Conquistas Occidentales*. Escreveu ainda outros livros, como *Milícia y Descripción de las Índias*, 1599, que tem por objectivo evidenciar os seus conhecimentos sobre as terras do Novo Mundo. A sua experiência militar é tratada no *Libro de Exercícios de la Gineta*, 1600.

Bernardo de Vargas Machuca foi um dos contestadores das teorias pacifistas de Las Casas. A sua experiência como militar em terras conquistadas do Novo Mundo, onde foi protagonista de diversas refregas com os indígenas, conferem-lhe autoridade para refutar os argumentos de Las Casas, acusando-o de elaborar as suas teorias a partir de narrativas ouvidas de terceiros.

Embora não negue que os espanhóis tivessem, por vezes, cometido alguns excessos e até concorde com a evangelização, Machuca defende a conquista, apoiando-se nas bulas de doação, encarando-a como uma obrigação dos espanhóis.

"DISCURSOS APOLOGÉTICOS EN CONTROVERSIA DEL TRATADO QUE ESCRIBIÓ FRAY BARTOLOMÉ DE LAS CASAS, OBISPO DE CHIAPAS, AÑO DEL 1552 INTITULADO DESTRUICCIÓN DE LAS INDIAS.

EXHORTACIÓN

(…) fray Bartolomé de las Casas o Casaos, Obispo de Chiapas, (…) escribió su libro intitulado Destruicción de las Indias Occidentales, (…) en que certifica cómo los españoles descubrieron la isla Española, año de mil y cuatrocientos y noventa y dos, y que la fueron a poblar el siguiente, (…) y que hasta el año de quinientos y cuarenta y uno que eran descubiertas diez mil leguas de costa de tierra firme y todo

Controvérsias   215

lleno de gente como se suele hallar una colmena llena de abejas, adonde parecía haber Dios puesto el mayor golpe del linaje humano, según la grande cantidad de indios que en todas ellas se hallaron, y que todos fueron acabados por tiranías y crueldades de nuestros conquistadores. (...)

Negamos las diez mil leguas que dice de costa de Tierra-Firme y la innumerable gente en general, (...) corriendo la costa con sus propios rumbos y el compás en la mano hallaremos que no hay más de dos mil y ochocientas, que, restadas con diez mil que dice, faltan siete mil y doscientas de tierra, y esto no es cosa que en sí puede recibir duda, sino que cualquiera aunque no lo haya navegado hallará en la carta de marear y derrocaderos el mismo número que he señalado (...)

Pues a lo que dice estaba todo lleno de indios como una colmena de abejas, los más saben que todas aquellas costas o la mayor parte de la banda y Mar del Norte son montañas y boscages, que llaman arcabucos y manglares, y esta tierra de buena razón no puede ser habitada por dos causas, la una por la grande maleza y la otra por mala calidad, causada de ser impedido el viento de la espesura, que es excelsa y muy cerrada, con que no puede bañar la tierra, y lo mismo los rayos del sol a quien también niega la entrada, por cuya causa las humedades y vapores gruesos la hacen enferma (...).

Dice más que es la gente a quién Dios crió la más simple del mundo, sin maldades ni dobleces, obedientes, fidelísimos, pacíficos, flacos de complesión y que más fácilmente mueren de una enfermedad, y que son sinceros y nada codiciosos y muy enemigos de poseer bienes temporales (...) y porque hablemos verdades y no ironías y retocando en lo que me ha parecido dellos sin levantarles testimonio, pues estimo yo en tanto mi salvación como el Obispo la suya, y comenzando digo que él los hace llenos de todas virtudes y yo faltos dellas, y es lenguaje general en todas las Indias entre gente especulativa que cuando el indio se ve libre y sin temor tiene ninguna virtud, y cuando se halla opreso y temeroso hace muestra de tenellas todas juntas; esto lo debe de causar que yo he tratado siempre con indios libres y sin temor, ansí en paz como en guerra, por cuya causa los he hallado faltos de todo género de virtud como he referido, y al contrario haber tratado el Obispo con domésticos de sus monasterios, rendidos a la servidumbre de muchos años, y es así que los que frecuentan los monasterios, ora forzados ora de grado, no son idólatras ni belicosos, y aunque lo hayan sido lo encubren o que ya lo han perdido con la comunicación cristiana y religiosa, mostrando notable humildad con que tapan los muchos vicios que tienen; quisiera yo saber si el Obispo entró solo a predicarles el Santo Evangelio antes de las conquistas y si los halló tan humildes como los pregona (…) porque viene a propósito, por principo se advierta lo que sucedió en Cumaná y Cumanagoto cuando el Obispo siendo clérigo vino a España a persuadir e importunar a la Majestad del Emperador Carlos Quinto, de gloriosa memoria, con largos razonamientos y persuasiones bautizadas con sanctos ejemplos que le diese labradores desarmados con sus mujeres e hijos para que poblasen aquellos indios que eran unos corderos y que echasen de allá a Gonzalo de Ocampo y a sus soldados que poblados estaban, a quienes imputó de crueles, porque no entrando con el rigor y estratagemas de guerra sino con la bondad y sanidad aldeana que los indios serían muy contentos y domésticos y no intentarían traición alguna (…) y su Majestad (…) usando de su acostumbrada clemencia se lo concedió y dio comisión, navíos y pertrechos para ello, y él hizo la gente referida y se embarcó y arribó a la costa y saltó en ella donde al punto tomó la posesión y echó fuera el capitán y gente que habitaba el pueblo (…) viendo que ya habían cobrado carnes, los indios se juntaron y dieron en ellos con mucho rigor, matándolos y comiendo los más de ellos (…) hicieron mil martirios en ellos y en sus mujeres (…) culpado fue el Obispo (…) y digo que fue culpado en este hecho pues por su respecto se hizo aquella población con tanto daño, certificando bondad donde no la había ni hay, ni nunca menos se ha visto en los naturales de aquestas partes, porque si hay gente cruel en el mundo lo es ésta, así por la experiencia que tenemos de las cosas que intentan y hacen (…) y estos indios los muestran bien, y de aquí nace cuando se ven vencidos y que tienen medo ser unos corderos, pero cuando les falta y sobra la libertad con vencimiento no hay tigres que tan bravos sean, y así se acuden a la obediencia y doctrina del Santo Evangelio es teniendo la fuerza de soldados a la vista. (…) Daré mi voto como hombre que tanto los he tratado y que tiene experiencia dellos en las conquistas y fuera de ellas, y créanme como cristiano que soy que para que se conviertan conviene que entren a la par los religiosos y la gente de guerra porque será más breve la conversión y más almas las que se salvarán, pues todo este mundo no se puede estimar en tanto como el valor de una sola."

Bernardo de Vargas Machuca, *Apologías y Discursos de las Conquistas Occidentales*, Junta de Castilla y León, 1993, pp. 57-61.